WANDERLEY OLIVEIRA
PELO ESPÍRITO **PAI JOÃO DE ANGOLA**

SE7E
CAMINHOS
PARA O AUTOAMOR

Série
Autoconhecimento

OS SETE CAMINHOS PARA O AUTOAMOR
Copyright © 2016 by Wanderley Oliveira
1ª Edição | Outubro 2016 | 1º ao 3º milheiro

Dados Internacionais de Catalogação Pública (CIP)

Pai João de Angola (Espírito)
Sete caminhos para o autoamor / pelo espírito Pai João de Angola;
psicografado por Wanderley Oliveira.

Belo Horizonte: Dufaux, 2016.

277p. 16 x 23 cm

ISBN: 978-85-63365-88-0

1. Espiritismo	2. Psicografia
I. Título	II. OLIVEIRA, Wanderley

CDU — 133.9

Impresso no Brasil – *Printed in Brazil* – *Presita en Brazilo*

Editora Dufaux
R. Contria, 759 - Alto Barroca
Belo Horizonte - MG, 30431-028
Telefone: (31) 3347-1531
comercial@editoradufaux.com.br
www.editoradufaux.com.br

FSC Conforme novo acordo ortográfico da língua portuguesa ratificado em 2008.

Os direitos autorais desta obra foram cedidos pelo médium Wanderley Oliveira à Sociedade Espírita Ermance Dufaux (SEED).

Todos os direitos reservados à Editora Dufaux. É proibida a sua reprodução parcial ou total através de qualquer forma, meio ou processo eletrônico, digital, fotocópia, microfilme, internet, cd-rom, dvd, dentre outros, sem prévia e expressa autorização da editora, nos termos da Lei 9.610/98 que regulamenta os direitos de autor e conexos.

Sumário

PREFÁCIO

Ciclos preparatórios sobre autoamor no Hospital Esperança 11

CONTEÚDOS TEÓRICOS

1. **Autoestima, a expressão mais poderosa de espiritualidade** **17**

    1.1. Autoestima, o aprendizado que leva à força curativa do autoamor 18

    1.2. Vida espiritual elevada depende também de dias ruins 22

    1.3. A fé é o desenho mental daquilo que você quer para sua existência 28

    1.4. O carma só pode ser cumprido quando você se acolhe com muito amor 32

    1.5. A frequência energética do autoamor é o vínculo de ligação com o Cristo ... 38

    1.6. A vaidade faz bem a quem aprendeu sua utilidade 42

    1.7. A força das crenças corretas é material para a construção da felicidade 46

2. **Aceitação, gesto de profunda amorosidade a si próprio** **51**

    2.1. A energia da dignidade e as três feridas evolutivas do espírito 52

    2.2. Aceitação de si mesmo, o autoamor em plena ação 56

    2.3. Autoperdão é o ponto de partida 60

    2.4. Sentimento de rejeição, expressão emocional do abandono 64

    2.5. Sua maior imperfeição é o mapa para desenvolver seu
    maior talento 68

    2.6. Seu sofrimento aumenta à medida que você responsabiliza
    os outros pela sua dor 72

    2.7. Seguindo o fluxo da sua história 76

3. **Misericórdia, autoamor que se derrama nos corações** 80

   3.1. A misericórdia é um sentimento que une os diferentes 82

   3.2. Generosidade é um ato de amor e não de culpa...........................86

   3.3. Para que serve a culpa no sistema emocional 90

   3.4. Perdoar é examinar onde você falhou para permitir que alguém o ferisse tanto 94

   3.5. Quem está bem consigo melhora a vibração do Planeta...........................98

   3.6. Empatia, a filha do autoamor...........................102

   3.7. A mágoa serve para desenvolver maior proteção nos relacionamentos...........................106

   3.8. Consideração com as missões alheias...........................110

4. **Relacionamentos afetivos, a nutrição dos que celebram o amor-próprio**...........................**114**

   4.1. Por que amar causa tanto sofrimento?...........................116

   4.2. O amor verdadeiro floresce também nas divergências...........................120

   4.3. Pontes de amor que unem os opostos...........................124

   4.4. Ficar ao lado de alguém só para pagar dívidas espirituais pode não ser o melhor caminho 128

   4.5. Malabarismos emocionais para controlar os relacionamentos...........................132

   4.6. Vida amorosa travada...........................136

   4.7. Salvem-me de mim mesmo!...........................140

5. **Enfrentamento, o encontro curativo com sua sombra** **145**

   5.1. Quem se ama tem sempre palavras amorosas e úteis 146

   5.2. O precioso aviso da raiva 150

   5.3. A Medicina do futuro e as doenças emocionais...........................154

   5.4. A síndrome do pânico é doença dos controladores e perfeccionistas...........................158

   5.5. Coragem é enfrentar o obstáculo apesar do medo...........................162

5.6. Viver o luto das perdas 166

5.7. A tristeza é coisa boa..170

5.8. Deus vai entrar nisso com tudo 174

5.9. Frustração e Fracasso...178

5.10. A ansiedade é um correio na vida mental 182

5.11. A depressão e os comportamentos de sufocamento.................186

MENSAGENS PARA TRABALHO EM GRUPO

6. Maturidade emocional, a coroa no reinado de quem se ama 191

   6.1. Pessoas mais prováveis de experimentar a felicidade................192

   6.2. Sem paciência e com baixa tolerância? 194

   6.3. De onde vem o poder da prosperidade pessoal 196

   6.4. Curando a dor da amargura 198

   6.5. Efeitos emocionais da amargura 200

   6.6. A experiência emocional do fim da idealização 202

   6.7. Quando você julga os outros 204

   6.8. Quando os outros julgam você 206

   6.9. Autorresponsabilidade emocional 208

   6.10. Saindo da zona de conforto 210

   6.11. O romantismo adulto 212

   6.12. Ciclos de Deus..214

   6.13. Destino é uma sequência de ciclos 216

   6.14. Os dois mecanismos básicos do autoamor 218

   6.15. Dores emocionais 220

   6.16. Os desconhecidos caminhos do amor 222

   6.17. Cobrança não leva ninguém a lugar nenhum 224

   6.18. Intenção é uma atitude que vem de dentro da alma 226

6.19. Pergunta essencial para quando você sentir inveja 228

6.20. O pensamento mágico 230

6.21. O tesouro da experiência 232

6.22. O seu juízo sobre alguém será sempre incompleto 234

6.23. A importância do desespero 236

TÉCNICAS PARA ENRIQUECER AS ABORDAGENS TEÓRICAS

7. Acessando estados de autoamor por meio de exercícios terapêuticos 239

7.1. Exercício para iluminar seu dia 240

7.2. Mudando o padrão mental diante da maledicência 242

7.3. Mentalização criativa de qualidades para o seu próximo 244

7.4. Oração nutridora de luz para o seu próximo 246

7.5. Alongamentos para a alma 248

7.6. Usando duas palavras mântricas 250

7.7. Realize uma programação mental de merecimento 252

7.8. Leitura para o anoitecer 254

7.9. Escolha uma virtude para o seu dia 256

7.10. Domingo, um dia especial para novos ciclos 258

7.11. Meditação para quem necessita de mais otimismo 260

7.12. Reflexão para proteção energética nos relacionamentos 262

PREFÁCIO

Ciclos preparatórios sobre autoamor no Hospital Esperança

No Hospital Esperança temos cursos especializados de orientação sobre o amor. Um dos pontos fundamentais desse trabalho é a recuperação da autoestima e a criação de uma vida psicológica mais organizada em torno da serenidade interior.

O lema dos nobres protetores espirituais das esferas mais elevadas é falar sobre o amor é irradiar vibrações de fraternidade para o Planeta e estimular o amor-próprio como medida curativa e libertadora em favor de dias melhores em nossa casa planetária. É urgente a construção de uma corrente positiva de forças luminosas para multiplicar essas bênçãos em favor de multidões que se arrastam nas dores emocionais.

Toda página que trate sobre o amor é uma luz acesa em pleno conflito do bem contra o mal travado nos dias de hoje. A implantação da Nova Era Espiritual na Terra depende dessa medida saneadora e oportuna. Difundir a mensagem do amor legítimo, que resgate a sua natureza divina, é oferecer nutrição para os novos tempos que todos desejamos.

A equipe de nossa amiga Ermance Dufaux é responsável por esses cursos preparatórios no Hospital Esperança, sob a coordenação de Eurípedes Barsanulfo e, Pai João de Angola que, na condição de educador espiritual, faz parte desses grupos, tornando-se mais um trabalhador que assumiu a missão de enviar ao mundo físico, por meio da psicografia, uma amostra dos conteúdos redentores e pacificadores de muitos corações desencarnados que chegam aos nossos núcleos de amparo tomados pela culpa, desencanto, medo e tormenta mental.

O tema central desses cursos libertadores é o autoamor que, na concepção de nossos educadores, tem na autoestima[1] o campo elementar para seu desenvolvimento. E quando falamos de autoestima, passamos pelo resgate da própria dignidade, parte integrante das criaturas filhas de Deus, com a qual perdemos contato após tantas vidas cheias de abusos do personalismo. O autoamor é algo inato, herança divina, enquanto a autoestima é o serviço laborioso e paciente de resgatar essa força interior, ao longo do caminho de volta à casa do Pai.

Utilizando-se de conteúdos didáticos, técnicas e exercícios práticos, os aprendizes são levados a perceber a importância, a profundidade e os benefícios de uma relação de forte afeição, admiração e respeito para consigo. Terapeutas e especialistas da área psíquica e emocional conduzem as abordagens, deixando claro que a saúde mental e o equilíbrio emocional dependem de saber desenvolver um relacionamento rico de amorosidade a si próprio.

Pai João de Angola descreve nesta obra os sete caminhos que constituem os pilares dos programas de nossos estudos. Os cinco primeiros tópicos desenvolvem conteúdos teóricos; o sexto é composto por mensagens pequenas para trabalhos em grupo que, no Hospital Esperança, são distribuídas aos integrantes com o objetivo de responder

---

1 De acordo com o dicionário da língua portuguesa, autoamor e autoestima são sinônimos. Porém, a espiritualidade apresenta o autoamor como um patrimônio divino colocado no ser por Deus, e o exercício da autoestima, um caminho para encontrá-lo.

a perguntas sobre os temas trabalhados nas dinâmicas; e o sétimo tópico traz pequenos e singelos ensaios de técnicas que podem desenvolver a criatividade e a experiência dos encarnados para enriquecer a aplicação das abordagens teóricas.

Aqui, no Hospital Esperança, o tópico sete é focado em práticas que trabalham as emoções específicas com as quais os grupos apresentaram mais dificuldades quando encarnados, tais como: culpa, mágoa, inveja, arrogância, desprezo e tantas outras que são trabalhadas, inclusive, com atividades junto à natureza, proporcionando vasto poder de renovação e meditação aos participantes.

Ainda que a riqueza dos textos enviados para a composição do livro esteja evidenciada, é claramente reconhecido, por nossa equipe de trabalho, se tratar de um resumo dos nossos projetos de educação. E celebramos essa iniciativa com muito louvor e alegria, considerando que os grupos interessados pelo tema no plano físico vão se beneficiar de um farto material para suas autodescobertas e também porque a obra é um presente dos céus em favor da irradiação do amor que tanto comove nossos corações nesses dias de transição da Terra.

A baixa autoestima é considerada, pelos que atuam nas regiões inferiores, uma doença coletiva da humanidade sobre a qual os agentes das trevas direcionam seus interesses para a elaboração de armas que visam à execução de seus planos nocivos de domínio e poder. É uma doença de proporções sociais graves e continentais, explorada pelas falanges da maldade organizada com o intuito de gerar o caos, a doença e o sofrimento na Terra.

É imperioso educar o homem para aprender a cuidar de si

pelo autoamor sem se atolar no egoísmo nem se afundar na avareza, e a se proteger sem caminhar para a agressividade. Investir em autoestima é formar cidadãos mais pacíficos e que poderão se utilizar da bondade e das atitudes civilizadas para a edificação de uma sociedade mais fraterna e amorosa.

Autoestima é um aprendizado, e não apenas um clima mental improvisado no dia a dia. E este aprendizado passa pela valorização de quem se é, pelo contentamento com o seu modo de ser e pela confiança em suas atitudes e convicções. A maior prova disso está no esforço que se faz necessário para sustentar os sentimentos movimentados em prol do amor a si próprio, de se cuidar, de se resgatar das ilusões e de crenças falsas da vida.

O arrependimento, a solidão, o receio, a ansiedade, a insegurança, a carência, a irritação, o pessimismo e outras tantas emoções farão parte da vida emocional de quem assume a arte do amor-próprio. São emoções reguladoras, cujo objetivo é manter a sanidade e o equilíbrio.

Quem deseja viver o autoamor terá de mergulhar no entendimento das funções positivas e curativas de cada emoção presente na dinâmica de sua existência. Essa é a contribuição da obra de Pai João de Angola.

Nossa esperança repousa na intenção de tecer um filete de luz que auxilie nossos irmãos no plano físico a encontrar a si próprios pelos caminhos redentores do amor.

Que o Senhor nos guie e inspire nessa longa jornada da evolução.

Maria Modesto Cravo.
Belo Horizonte, setembro de 2016.

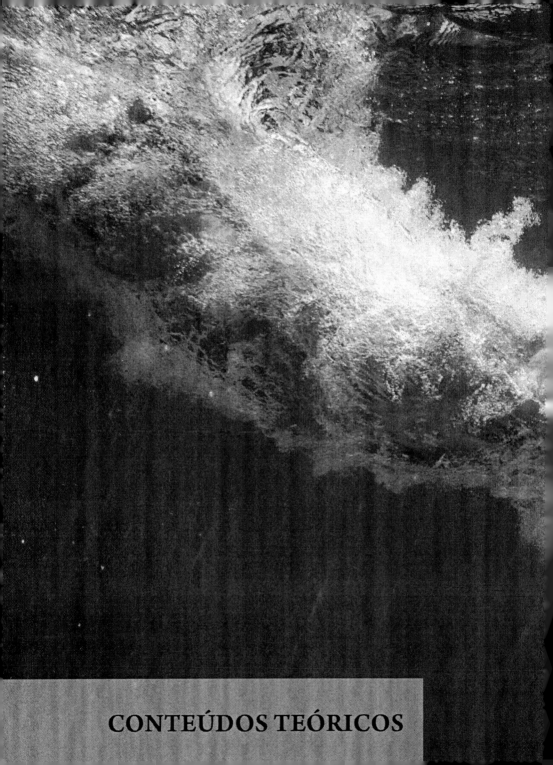

CONTEÚDOS TEÓRICOS

1. AUTOESTIMA, a expressão mais poderosa de ESPIRITUALIDADE

1.1.
Autoestima,
o aprendizado que leva à
força curativa do autoamor

Autoamor é uma herança divina, um tesouro que reflete a essência do Pai. Ele, o Criador, depositou nas profundezas da alma esse sentimento inato, essa força que permite ao ser jamais desistir de si. É uma energia de atração para que na caminhada evolutiva Seus filhos possam encontrar motivação para cuidar de si mesmos. O autoamor, esse patrimônio perfeito, nos primórdios da evolução, e ainda como impulso de vida, confundia-se com o próprio instinto de sobrevivência, a energia da vida trazendo o desejo de avançar e a intenção de amar.[1]

Como toda obra da criação, o autoamor requer esforço individual para que seja conquistado. O trabalho pessoal de desenvolvimento desse tipo de amor chama-se autoestima, ou seja, a capacitação para sentir o seu próprio bem e se

---

1 Filipenses 3:12-14: "Não que já a tenha alcançado, ou que seja perfeito; mas prossigo para alcançar aquilo para o que fui também preso por Cristo Jesus. Irmãos, quanto a mim, não julgo que o haja alcançado; mas uma coisa faço, e é que, esquecendo-me das coisas que atrás ficam, e avançando para as que estão diante de mim, prossigo para o alvo, pelo prêmio da soberana vocação de Deus em Cristo Jesus.".

ver como filho de Deus.

A gradativa e paciente conquista do autoamor por meio da construção da autoestima é um dos pilares fundamentais da evolução. O aprendizado de gostar e cuidar de si próprio é um ato de profunda espiritualidade nas estradas do aprimoramento do espírito.

O assunto pode parecer contraditório se a autoestima for considerada apenas zelo com a estética corporal. No entanto, estimar-se é uma emoção que brota do fundo da alma e leva a criatura à sensível e rica relação de respeito e amor-próprio por meio do pleno e legítimo desejo de querer o seu bem pessoal. Pode até parecer óbvio, mas se pergunte se consegue, com espontânea intensidade, desejar o seu próprio bem ou se já sabe como aplicá-lo nas experiências diárias. Verifique se você se prioriza, se sabe dos seus limites na convivência, se permite satisfazer as necessidades que levam à sua realização pessoal, se consegue dizer "não" quando necessário ou está sempre querendo ser bonzinho, se sabe defender-se dos abusos nos relacionamentos, enfim, se exerce um pacto de solidariedade e apoio a si próprio em quaisquer condições.

O sentimento de não merecimento é um programa da vida mental adquirido em várias experiências. Boa parte das pessoas no Planeta guarda comprometimento severo com o mérito pessoal em função do esbanjamento e das escolhas infelizes feitas na caminhada das reencarnações. Muitos não se sentem dignos para usufruir os benefícios da vida, nem se consideram bons o bastante para uma vida rica e leve. A culpa e o medo retiram-lhes o nobre desejo de utilizar o bem em seu proveito, aprisionando-os a uma existência empobrecida afetivamente, vivendo de migalhas deixadas no caminho. Esse não merecimento corrói a autoestima, mas não impede de buscar conexão com seu autoamor. A conquista desse benefício é uma questão de educação emocional e espiritual.

Espiritualidade significa estar guiado pelo espírito, ter conexão com o espírito, fruir de uma relação com o espiritual. Trabalhar a autoestima é espiritualizar-se, é desenvolver uma trilha de vivências que nos leve ao encontro dessa sabedoria e amor inatos confiados pelo Pai a cada ser. É tomar posse dos talentos inseridos na constituição dos princípios inteligentes no ato da criação, que se encontram adormecidos na alma.

Espiritualizar-se tem ligação direta com a busca interior pelo sentido da existência, da sua passagem por este Planeta e pela forma como você aproveita as experiências e repara os eventuais erros cometidos em caminhada. É uma forma de manter-se cada vez mais conectado com o seu espírito e aproximar-se do autoamor, esse tesouro de sanidade, luz espiritual e força curativa à sua disposição nos recessos do seu ser.

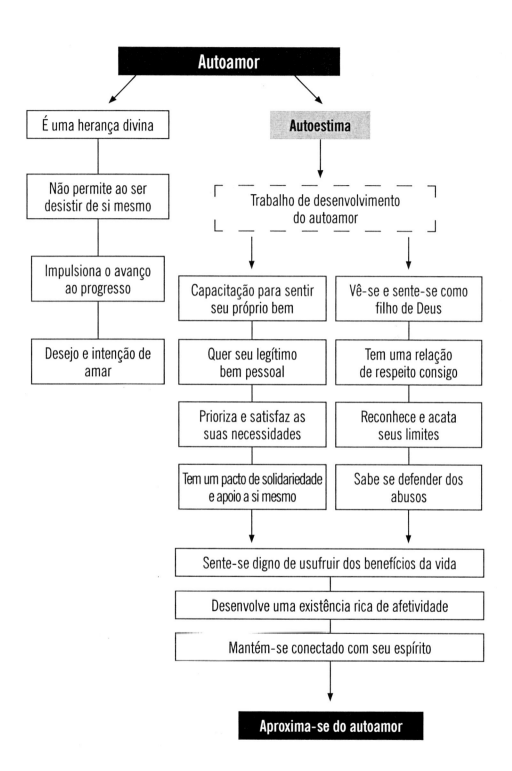

1.2.
Vida espiritual elevada depende também de dias ruins

Uma vida espiritual elevada depende, sobretudo, dos seus sentimentos. Sua relação com Deus é baseada naquilo que você traz em seu coração.

A fraternidade, o respeito, a boa palavra, a bondade, a gentileza e o perdão são alguns dos sentimentos que iluminam sua alma, o fazem ouvir os chamados do Criador e entender melhor os caminhos que o levam a Ele. Seus sentimentos são a fonte de desenvolvimento da espiritualidade em sua vida.

Uma vida espiritual elevada é cultivada, sem sombra de dúvida, com base na persistência, e é um acesso para a saúde psicológica e emocional.

As emoções não devem ser controladas, e sim entendidas como pistas luminosas sobre suas necessidades e conquistas a serem realizadas. Cumprem funções esclarecedoras a respeito da sua personalidade e só serão prejudiciais se não receberem de você uma orientação sadia para que reconheça o que elas querem lhe mostrar.

Elevação espiritual na Terra não significa manter-se bem o tempo todo, pois as sombras interiores que você ainda carrega não permitem essa condição. No estágio moral da Terra, seus habitantes não conseguem se manter sempre em harmonia, nem mal o tempo todo. São naturais essas alternâncias, e essa é a dinâmica mais adequada para a estabilidade mental e o equilíbrio espiritual.

Alguém que se apresente feliz o tempo todo perderia o juízo, por esta ser uma atitude de alienação a respeito das dificuldades que ainda existem no Orbe. Assim como alguém que permaneça desanimado ou depressivo o tempo todo, se alienaria das belezas da vida.

O conceito ilusório de felicidade difundido pela sociedade alimenta a ideia de que a pessoa plena de ventura e de vida espiritual elevada é aquela que se sente ótima todos os dias. Isso é uma ilusão, é negar emoções que, embora consideradas pela cultura como nocivas, são autênticas trilhas de autoconhecimento na ecologia emocional.

Você pode sentir alegria todos os dias, se isso for um traço conquistado em sua personalidade. Alegria é uma emoção efêmera, mas felicidade[1] é estado de espírito e, sendo assim, mantê-la depende de muitos fatores internos e externos nas conquistas da alma, ainda não adquiridos pela maioria de nós.

Haverá dias ruins, e não há como escapar deles. A melhoria espiritual não recomenda viver permanentemente em clima de vibrações elevadas sem abalos ou interrupções, e sim aprender o caminho para resgatar o equilíbrio quando os ventos fortes da perturbação o arremessarem a dores e

---

1 *O evangelho segundo o espiritismo*, capítulo 5, Item 23 – Allan Kardec – Editora FEB.

tormentas interiores.

Uma das maiores conquistas espirituais reside em saber como extrair o melhor dos chamados "dias ruins", aqueles em que estamos desanimados, para baixo. Sem dúvida, esses são os dias mais ricos da existência, apesar de serem os mais dolorosos. Quem aprende o que fazer e como lidar com suas sombras internas é um forte candidato à felicidade verdadeira.

Lembre-se de que seus piores dias trazem as lições mais essenciais. Neles, sua alma quer mostrar aquilo que você tem dificuldade em enxergar nos dias bons da vida.

Se você se sente perdido nesses momentos, lembre-se do que disse uma escritora[2] que passou pela Terra: "Perder-se também faz parte da jornada.".

Para você que está com a vida desorganizada e acha que tudo acabou...

Para você que fez besteira e acha que se desviou do caminho...

Para você que tomou decisões e nem tudo saiu como esperava...

Para você que gosta muito de controlar e perdeu o comando...

Para você que acha que perder é fracasso e queda...

Fique sabendo que a vida tem trilhas que ultrapassam bastante o senso de equilíbrio, a retidão e o sucesso estabele-

---

2 Clarice Lispector (1920 - 1977), escritora e jornalista nascida na Ucrânia e naturalizada brasileira.

cidos pela visão humana. Certo e errado sob essa ótica são palavras frágeis e limitadoras.

Entregue-se ao fluxo que rege a vida e aceite-a. Por pior que as coisas possam parecer, elas vão levá-lo ao caminho traçado por Deus dentro do mapa da sua existência. Por pior que seja o seu dia, existem tesouros de libertação e cura à sua espera, escondidos nas sombras das experiências dolorosas.

Deus o está examinando.

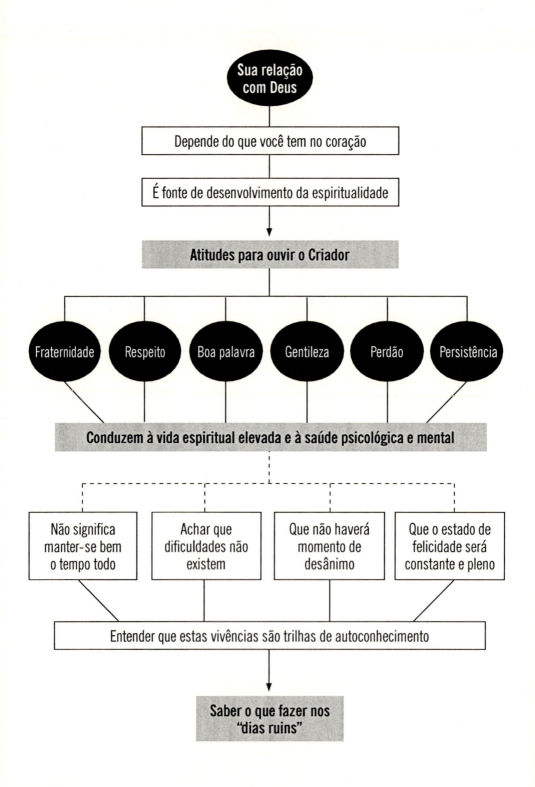

1.3.
A fé é o desenho mental daquilo que você quer para sua existência

Quando você está lá embaixo, enfrentando desafios pessoais, esta é a melhor hora de testemunhar a sua fé. Ela se expressa em atitudes de confiança, credibilidade, compromisso assumido, convicção, esperança, e muitas outras.

Se o momento está difícil, erga a cabeça, respire fundo e busque no íntimo da alma a certeza de que vai conseguir superá-lo. A vida não traz provas maiores do que pode suportar.

Ao emitir essa energia do otimismo e espantar o desânimo, você estará criando no seu universo astral um projeto invisível que logo fará parte da sua realidade concreta. Esse projeto tem vida, força e vai coordenar rumos melhores para os dias vindouros.

Fé é a energia que abre caminhos para a implantação dos seus anseios luminosos. Acredite! Ela não é apenas um sentimento, é um desenho mental do que você quer para sua existência.

É a alavanca para a vida andar, fonte de saúde para a mente e combustível para que a prosperidade e a alegria façam morada em sua vida.

É muito rica a atitude de cultivar a fé buscando a religião para suas dores e angústias. No entanto, a principal tarefa da crença religiosa não é resolvê-las, e sim, aliviar, abrandar as lutas. A solução surge da aplicação daquilo que é capaz de promover o sentimento de fé, isto é, por meio da superação dos testemunhos e provas que constroem emoções sob a tutela da convicção íntima no bem. A crença religiosa orienta e apazigua. A fé emocional abre estradas e gera comportamentos.

As soluções, a cura e a redenção individual não são conquistadas com rituais e práticas que o conectam com Deus, o propósito disso é fornecer um estímulo positivo para a árdua caminhada de superações interiores.

Se você quer mesmo melhorar, inicie o processo consciente e definitivo de buscar uma mudança nos hábitos, nos sentimentos e nas palavras. Quando o otimismo toma conta dos pensamentos, a fé encontra uma janela aberta em seu coração para irradiar esclarecimento onde há trevas, e ideias novas onde muitos só enxergam problemas e desilusões.

Cultivar o otimismo na tela mental é um ato de amor a si mesmo, uma chama que se acende para aquecer os dias gelados das provações e dissipar a tormenta do coração.

Use sua força, desenhe em sua mente o seu futuro e vá buscá-lo nas fileiras da ação concreta e decisiva de construir aquilo que você mentaliza.

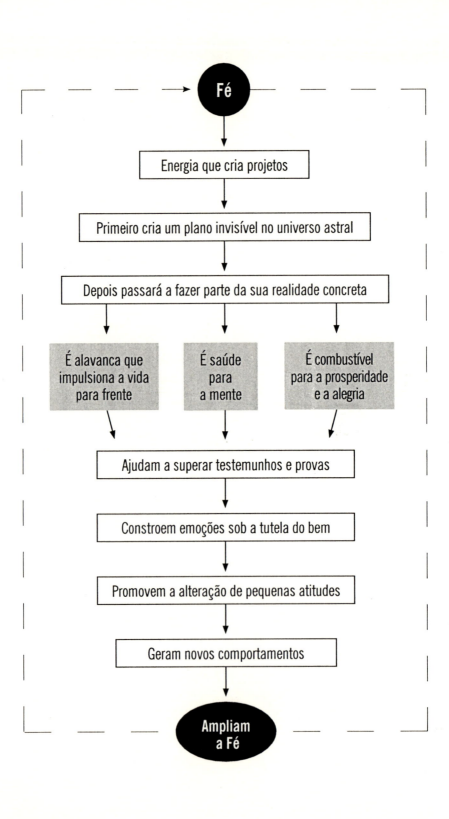

1.4.
O **carma** só pode ser cumprido quando você se acolhe **com muito amor**

Sabe quando aquelas coisas ruins se repetem em sua vida? Isso acontece porque você não cumpriu o seu carma. Carma, porém, não é algo exclusivamente planejado e imutável para causar sofrimento, como se seu destino fosse totalmente predeterminado.

Existe uma grande diferença entre carma e planejamento reencarnatório.

Por exemplo, se você tem uma relação afetiva complicada com alguém ciumento e controlador, pode ter planejado vir ao lado dessa pessoa, na sua atual reencarnação, para reorientar velhos comportamentos com novas posturas. Esta é uma escolha que realmente pode ser feita antes do renascimento carnal. Entretanto, isso é chamado "planejamento reencarnatório". Carma é outra coisa.

Carma é o conjunto de emoções e pensamentos trazidos em seu íntimo que dificultam sua relação com uma pessoa difícil. Neste exemplo, você precisa aprender uma forma diferente de agir e reagir, e isto pode significar superar a sua dificuldade em dizer não a essa pessoa, vencer o seu medo de colocar limites nas atitudes inadequadas do outro, reconhecer o quanto a relação é tóxica, ter coragem para reconhecer suas fraquezas, buscar ajuda sozinho e se sentir solitário, além de muitos outros aprendizados.

Carma[1] é um aprendizado frente a um problema ou experiência difícil. Quanto mais tempo levar para aprender, mais o problema persiste e se repete. Os problemas permanecem o tempo necessário para que aprenda o que eles têm a ensinar.

Quem confunde carma com planejamento reencarnatório adota o seguinte pensamento: "vou ficar sofrendo ao lado de alguém porque assim pago minha dívida com essa pessoa.". Essa é uma visão insensata, incoerente com o Espiritismo, além de ser fonte alimentadora de doenças emocionais terríveis.

Vejamos outro exemplo: Uma mulher falhou em várias encarnações seguidas por conta de sua vaidade. Depois de tantos erros, foi concedida a ela a oportunidade extrema de renascer no corpo físico e ser mãe de quatro filhos com problemas sérios de saúde. Um com paralisia cerebral, um cego, um paraplégico e outro com limitação pulmonar. Os cuidados com os filhos durante uma vida inteira e as constantes renúncias de seus próprios interesses impediram que se entregasse à vaidade, principalmente, depois de muita dor e de enfrentar grandes desafios para cuidar desses meninos.

Os filhos são o planejamento reencarnatório. O carma é o

---

1 *Jesus, a inspiração das relações luminosas*, autora espiritual Ermance Dufaux, pela psicografia de Wanderley Oliveira, capítulo 20 – Editora Dufaux.

aprendizado contra a vaidade, são as ações da própria pessoa em função de seus ciclos de experiências ao longo das vidas. O planejamento reencarnatório é o contexto que vai facilitar esse aprendizado.

Tem muita gente que confunde carma com planejamento e acaba assumindo compromissos sem sentido com as pessoas à sua volta, como se isso fosse o seu carma. Ninguém tem carma com o outro. Carma é uma demanda pessoal. Não tem a ver com os outros, é só seu.

Com os outros, você tem planejamentos, e cada uma dessas pessoas, por sua vez, tem seu carma pessoal. Com os outros, você tem compromissos de amor, apoio e solidariedade nas leis universais da vida. Não é o outro que é difícil ou é um problema. O problema é o patrimônio que carrega dentro de si e que limita seu aprendizado sobre como lidar com a pessoa que você chama de "difícil".

Essa visão precisa ser revista, porque isso tem servido como fonte de sofrimento e distanciamento daquilo que verdadeiramente é preciso aprender.

Com esse aprendizado, é possível tornar sua vida mais leve e até assumir uma postura que lhe permita uma melhor convivência com o outro ou distanciar-se dele.

Tudo muda no planejamento quando você assume o seu carma no ato de aprender o que falta para sua própria felicidade.

Em *O Livro dos espíritos*, na questão 264, o tema foi precisamente abordado:

"Que é o que dirige o Espírito na escolha das provas que queira sofrer?

Ele escolhe, de acordo com a natureza de suas faltas, as que o levem à expiação destas e a progredir mais depressa. Uns, portanto, impõem a si mesmos uma vida de misérias e privações, objetivando suportá-las com coragem; outros preferem experimentar as tentações da riqueza e do poder, muito mais perigosas, pelos abusos e má aplicação a que podem dar lugar, pelas paixões inferiores que uma e outros desenvolvem; muitos, finalmente, se decidem a experimentar suas forças nas lutas que terão de sustentar em contato com o vício.".

Carma só pode ser cumprido quando você se acolhe com muito amor, dedica-se com empenho às lições e compreende que, diante das leis divinas, ninguém cura ninguém e tão somente está reservado a você o direito e o dever de curar a si próprio.

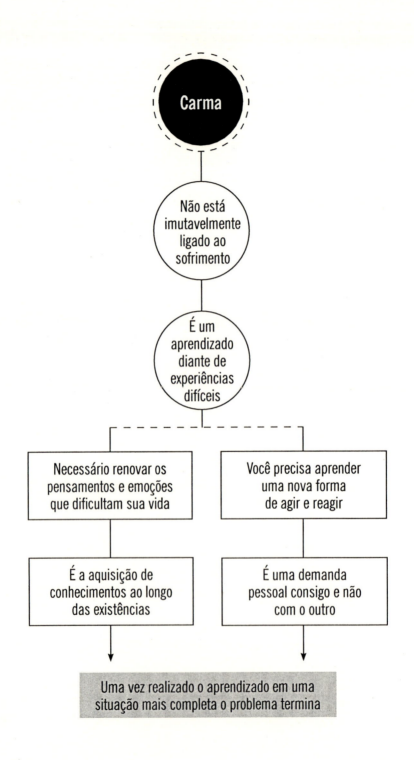

1.5.
A frequência energética do **autoamor** é o vínculo de ligação com o **Cristo**

O amor aciona forças de concentração energética desconhecidas. É um sentimento capaz de aumentar a coragem, atenuar as diferenças, dilatar a sensibilidade. Porém, o que mais impressiona nesse nível energético é o quanto ele produz de bem-estar. É uma verdadeira usina de forças geradoras do bem.

A oxitocina[1] é um hormônio produzido no hipotálamo quando nos encontramos em estado de felicidade e amorosidade, e é o mesmo hormônio que atua no momento do parto. Ampliando a abordagem, podemos dizer que o amor é uma gestação.

Quem ama gesta vida, alegria que dá energia, poder de construir e força para vencer. Quem ama consegue a lente para ver o melhor de tudo e de todos, e assim é capaz de

---

1 A oxitocina é liberada quando praticamos esportes, dançamos ou damos um abraço em alguém. Quando isso acontece, os níveis de cortisol (hormônio do estresse) diminuem no organismo. Também está intimamente ligada à sensação de prazer, de bem-estar físico e emocional e à sensação de segurança e fidelidade. (N.E.)

desenvolver uma vida nova para si e para quem está ao seu redor.

Quem direciona para si a frequência vibratória do amor a si mesmo também usufrui de todos esses benefícios, conquistando cura para suas dores e problemas físicos, além de sanidade mental imbatível. Estar de bem consigo é, sem dúvida, o antídoto para as insatisfações existenciais.

Quem se ama mantém seu padrão vibratório em elevada energia e não sente necessidade de menosprezar, julgar, recriminar ou de se escandalizar com a conduta alheia daqueles que o magoam. Ao contrário, quem encontra sua luz própria se sente naturalmente motivado a auxiliar os outros, a perceber a necessidade de retificar a própria conduta e desenvolver a sua própria luz no clima da autoaceitação e mudanças.

A frequência energética do autoamor será alvo de estudos profundos da ciência no futuro, pois quem se ama se imuniza por estar em conexão com o nível elevado dessa energia, que é a maior fonte de proteção contra quaisquer forças nocivas do ambiente e da maldade intencional.

A aura de quem se ama irradia uma coloração azul e prateada que cria e sustenta um escudo em forma de tela. Ele atua sobre cada um dos sete chacras principais como um filtro, imunizando contra toda maldição e toxidade dos ambientes, a ponto de elevar seu nível vibracional por meio da atuação da química pessoal no plano astral, exercendo influência sobre as cargas negativas de locais e de pessoas.

Além disso, essa faixa de proteção age como uma antena seletora potente capaz de coletar apenas fontes naturais na ecologia astral, ricas de alta qualidade espiritual. Quem se mantém na frequência do autoamor se torna um canal constante de bondade, com quem os guias espirituais sempre podem contar para espalhar o bem e a luz em todo lugar.

A frequência energética do autoamor é o vínculo de ligação com o Cristo.

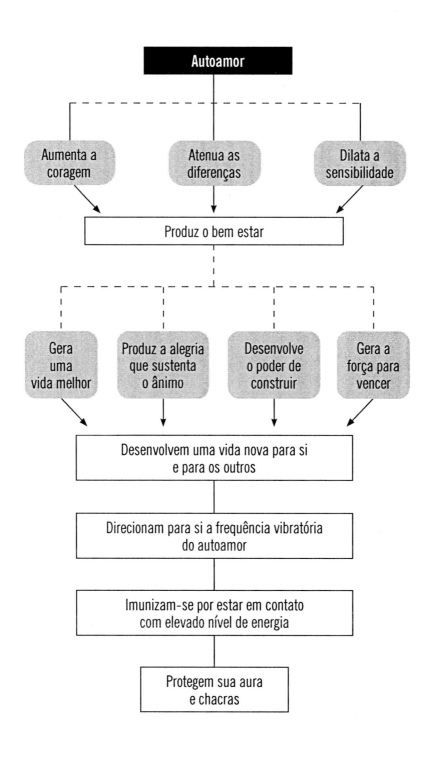

1.6.
A **vaidade** faz bem a quem aprendeu **sua utilidade**

Criou-se uma cultura entre os espiritualistas de que o elogio é nocivo e perigoso porque desenvolve a vaidade. Por conta dessa ideia, adotam-se muitos comportamentos estranhos quando alguém alcança êxito e bons resultados em sua vida pessoal, na mediunidade ou em qualquer área da vida.

Sendo o elogio considerado inadequado, não poder elogiar faz surgir em seu lugar, no reino das emoções, a inveja, a frieza de não manifestar alegria com o sucesso alheio e outras condutas semelhantes que impedem o fluxo natural e sadio da emotividade curativa e incentivadora. Isso corrói a espontaneidade e cria um modo de ser distante da autenticidade. Se você ouve uma palestra maravilhosa, que o emociona, a atitude mais sadia após o seu término é aplaudir, uma forma de comunicar sua gratidão pelo que recebeu.

Em vez de evitar o elogio, o que se deve aprender é como lidar com a vaidade, uma emoção fundamental para a estima pessoal e a estabilidade psicológica.

Evitar o elogio é como roubar um dos requisitos de educação mais valorosos da conduta humana.

O sucesso, os bons resultados, as conquistas são vivências humanas motivadoras de amor e progresso. Por que não as comemorar e exaltar em clima de equilíbrio e realização?

Você terá medo do sucesso enquanto não souber o que fazer com a vaidade. Triunfos são experiências valiosas e de muita utilidade social. O problema não está neles e sim naquilo que se faz com eles.

Nossa cultura tratou esse assunto com uma insensatez sem precedentes, como se ser bem-sucedido fosse algo excepcional ou errado.

Sucesso é uma etapa de quem conquistou essa condição e não há nada de errado nisso, especialmente quando se direciona essa capacidade para o lado bom.

O medo do sucesso é o caminho perfeito para garantir uma vaga nas experiências empobrecedoras da incompetência e do preconceito.

A escola da vitória é uma oportunidade fantástica de avanço para alma. Jesus é um Ser bem-sucedido e de conquistas brilhantes. Sua estima pessoal é sustentadora de Sua coragem, fonte de Sua convicção, e de Sua meiguice e generosidade com todos.

Faça elogios que reconheçam os valores dos outros e os seus próprios. Não tenha medo. Elogio é algo bom. Você é maravilhoso. Você pode. Quem teme elogio ou elogiar alguém está mal resolvido em relação ao seu sentimento de vaidade.

Temer a vaidade ou não fazer contato com o seu lado luz[1] é dar força para a vaidade crescer, levando-o a praticar atitudes ruins, transformando-o em um ser presunçoso, narcisista, fútil e orgulhoso ou carregando-o para o extremo oposto, o da baixa autoestima. Ter medo dela é manter um recurso fundamental para a sanidade humana na sombra do inconsciente. Nisso reside um grande mal, porque assim ela sustenta o orgulho tóxico e alimenta muitas ilusões.

Vaidade faz bem a quem aprendeu para que ela existe. Sua função na construção de uma relação de autoamor é o alicerce para a autoconfiança e a vitalidade da resiliência.

---

[1] "Aprendemos muitas coisas de forma inadequada a respeito de nossos sentimentos. Sem vaidade ninguém constrói uma estima pessoal sólida, que é o pilar do autoamor. Quem tenta sufocar sua vaidade cria um campo energético para doenças orgânicas, como dores musculares, constantes infecções e um severo mau humor. No entanto, se somos dominados inadequadamente por ela, usamo-la como mecanismo de defesa contra a sensação de inferioridade, de ausência de valor e poder pessoal." - *Emoções que curam*, capítulo 1, autora espiritual Ermance Dufaux, pela psicografia de Wanderley Oliveira – Editora Dufaux.

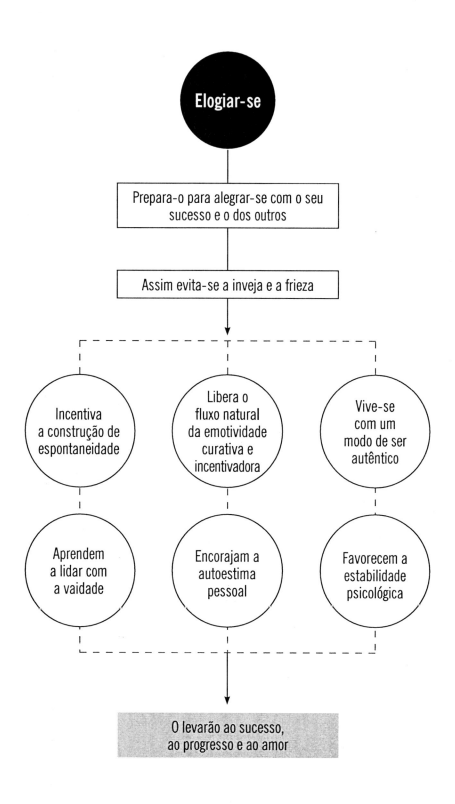

1.7.
A força das **crenças** corretas é material para a construção da **felicidade**

Você é promovido no trabalho, compra um carro novo, começa uma relação afetiva promissora, passa no vestibular e, depois da alegria desses eventos, vem uma estranha sensação de que algo desagradável vai acontecer. Já aconteceu isso com você diante dos fatos agradáveis da vida? Sabe o que isso significa?

São as crenças de não merecimento e desvalor pessoal que o levam a sentir isso. Elas são como programações mentais que funcionam com base em algum tipo de medo. Basicamente, elas criam ideias para que você acredite em algo ruim relacionado aos episódios de felicidade na sua vida. Criam uma sensação de perda e colocam os pensamentos a ruminar no pessimismo. São muito limitadoras e podem ser destrutivas.

As crenças negativas são alegações mentais que tomam conta da sua vida psíquica e emocional, e o impedem de viver a realidade do mérito pessoal daquilo que conquistou. Por trás da maior parte dessas crenças de baixa autoestima está o medo de perder, de ser abandonado, de não dar conta.

E o que fazer para mudar isso?

A felicidade surge a partir de uma construção elaborada das condições internas da mente. Para isso, muitas vezes, é necessário reconstruir algumas crenças que funcionam no automatismo do inconsciente. Essa reconstrução é o trabalho de reeducação das ideias e sentimentos de desamor a si mesmo. E como fazer isso?

Você tem de saber "para que" suas crenças existem. De que elas o estão desobrigando ou protegendo? Que ganhos você tem com elas? Do que seus medos o poupam?

Tudo parte do pressuposto da intenção positiva que deve sustentar sua vida, um princípio que deve naturalmente estar presente na linguagem da sua vida mental e que o assegura que tudo tem uma razão benéfica de ser, tudo acontece com uma intenção útil e boa.

As perguntas sobre os exemplos aqui apresentados seriam: qual a intenção positiva de você se manter crente de que não merece esse carro? Qual a razão benéfica em temer a promoção profissional? Qual a finalidade boa em não acreditar em um novo relacionamento? Qual a utilidade da sensação de que não valeu a pena passar no vestibular? Para cada uma dessas situações existe um motivo, é preciso descobrir qual é e como trabalhar para sua superação.

No que diz respeito à crença sobre o não merecimento de ser feliz, também existem intenções positivas organizadas de modo inadequado na estrutura da linguagem mental. Vamos encontrar um exemplo disso nas noções insensatas de carma e de que a felicidade não é deste mundo, conforme assevera o Evangelho. Muitos religiosos, incluindo espíritas, vivem uma vida emocionalmente pobre e sofrida acreditando que, por meio da cultura do sofrimento, está cumprindo uma determinação das leis divinas. Acomodam-se em provas, como se o objetivo maior delas fosse o sofrimento em si mesmo. Acreditam que as dores são imutáveis e não se movimentam para superá-las. Esquecem-se de que a própria doutrina ressalta a felicidade relativa que é possível usufruir com a superação de nossos desafios de crescimento e que nos conduzem a períodos de paz e alegria.

A descoberta das intenções positivas[1] desses comportamentos de acomodação pode ser muito dolorosa, mas sem dúvida alguma, será muito saudável ao aprendizado espiritual e emocional.

---

1 Um dos mais importantes princípios da PNL, muitas vezes incompreendido (e por isso sujeito a controvérsias) é o da intenção positiva. De uma maneira simples, o princípio afirma que, em algum nível, todo comportamento tem ou teve uma intenção positiva. Outra maneira seria dizer que todo o comportamento serve (ou serviu) a um propósito positivo. Por exemplo, a intenção positiva por trás de um comportamento agressivo é, muitas vezes, proteção. A intenção ou propósito positivo por trás do medo é normalmente segurança. O propósito positivo por trás da raiva pode ser o de manter os limites. O ódio pode ter o propósito positivo de motivar uma pessoa a agir. As intenções positivas, por trás de algo como resistência à mudança, podem incluir uma série de assuntos, incluindo o desejo de reconhecer, honrar ou respeitar o passado, a necessidade de a pessoa se proteger ao permanecer com o já conhecido, ou a tentativa de se agarrar a coisas positivas que teve no passado, e assim por diante. - Robert Brian Dilts – http://golfinho.com.br/artigo/levando-luz-a-escuridao-o-principio-da-intencao-positiva.htm.

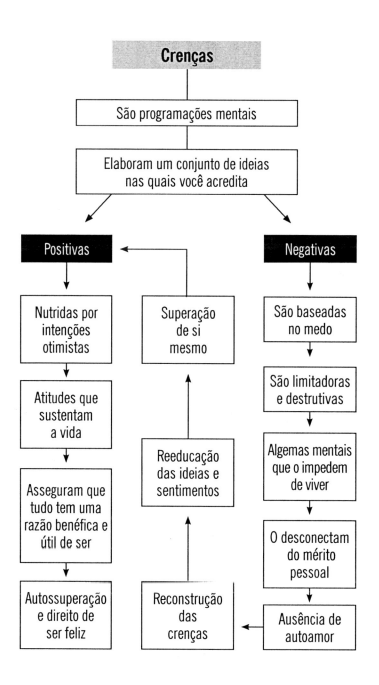

2. ACEITAÇÃO, gesto de profunda AMOROSIDADE A SI PRÓPRIO

2.1.
A **energia** da dignidade e as três feridas evolutivas do **espírito**

"E, em qualquer cidade ou aldeia em que entrardes, procurai saber quem nela seja digno, e hospedai-vos aí, até que vos retireis."

Mateus, 10:11.

Dignidade é energia moral de intenso poder, é força que irradia da alma. É a identidade do espírito em sintonia com a sua própria consciência.

Meus filhos, saibam que todos somos dignos por natureza divina. Dignos de amor, de bondade e de felicidade. A herança de Deus para nós é a dignidade pertencente às leis naturais da vida.

Entretanto, sentir-se digno é diferente. Veja essa fala do filho pródigo[1]: "Já não sou digno de ser chamado teu filho; faze-me como um dos teus jornaleiros.". Esse filho fez muitas coisas inadequadas e depois voltou para as terras de seu pai se sentido indigno e infeliz.

É assim que se sente a maioria dos habitantes desse planeta, com o coração algemado pela sensação de não merecimento em função das atitudes do passado. Por conta dessa sombra[2]

1 Lucas, 15:19.
2 Sombra: "É a parte da personalidade que é por nós negada ou desconhecida, cujos conteúdos são incompatíveis com a conduta consciente." - *Psicologia*

na alma, a dor da inferioridade, a sensação de abandono e o difícil contato com a limitação da fragilidade humana tornam-se provas emocionais muito pesadas. São as três principais feridas evolutivas do espírito na sua caminhada de aprimoramento.

A dor de ser inferior é o piso da baixa autoestima.

A experiência do abandono é o alicerce da solidão que corrói, da tristeza que abate e dos medos que paralisam.

E a consciência de ser falível ou frágil é o ato de desnudar-se e olhar para suas imperfeições, amargando o sentimento de incapacidade.

Que provas maiores podem existir além de uma estima empobrecida, o medo de avançar e ter de se reconhecer falível?

Seja qual for a condição social, física ou familiar em que você venha a renascer, as provações tomam características de conformidade com esses estados íntimos a serem superados.

A indignidade é, pois, um resultado inevitável de um trajeto milenar do espírito nos domínios do egoísmo e da egolatria. Ao contrário do que se esperava, pensar somente em si ao longo de várias existências, em vez de reverter em benefícios, trouxe como efeito essa dolorosa sensação de indignidade, falta de integridade ou vergonha no coração.

Com isso, uma onda mental muito poderosa ronda toda a psicosfera do planeta como uma manta de irradiações de desmerecimento. Fazer contato com essa força é algo que pertence à rotina da maioria dos seres, dentro e fora da vida material. É como respirar um vírus e com ele se infectar.

---

e espiritualidade, Adenáuer Novaes.

O antibiótico emocional do autoamor é o escudo que pode protegê-lo dessa energia coletiva e imunizá-lo do contágio de enfermidades de difícil diagnóstico. O lixo mental da indignidade é avassalador e virulento, mas isto não quer dizer que ele lhe pertence ou faça parte dos seus objetivos de vida.

O duplo etérico é o corpo que recebe essa carga maléfica com as mais diversas formas de vida concentradas, com as quais os seres sintonizam, dependendo da natureza dos comportamentos adotados. Assim nascem doenças e sintomas estranhos à Medicina terrena.

Nesta hora, o conselho de Jesus é para que, ao entrar em qualquer lugar, procure saber quem nele seja digno, quem está numa faixa vibratória boa, porque é nesta faixa mental que temos de abrigar as experiências da vida, até o momento de partirmos.

Para quem já tem procurado a higiene moral e psíquica, o impacto de tais formas de vida microbiana e enfermiça é percebido na hora. Daí a recomendação do Senhor sobre o cuidado de zelar pelo ambiente íntimo, hospedando-se mentalmente onde haja a vibração da dignidade, como forma de estimular o cuidado com o ambiente espiritual, sendo seletivo e vigilante.

A energia das pessoas que estão resgatando a dignidade interior é poderosa e atrativa. Ela é polarizadora e potencializadora, capaz de puxar as coisas boas para si e aumentar o que de bom a pessoa já tem como conquista. A irradiação da dignidade é o canal por onde flui a intuição, por onde a luz do mais alto se derrama pelo bem comum e por onde a bondade de Deus faz verdadeiros milagres do bem.

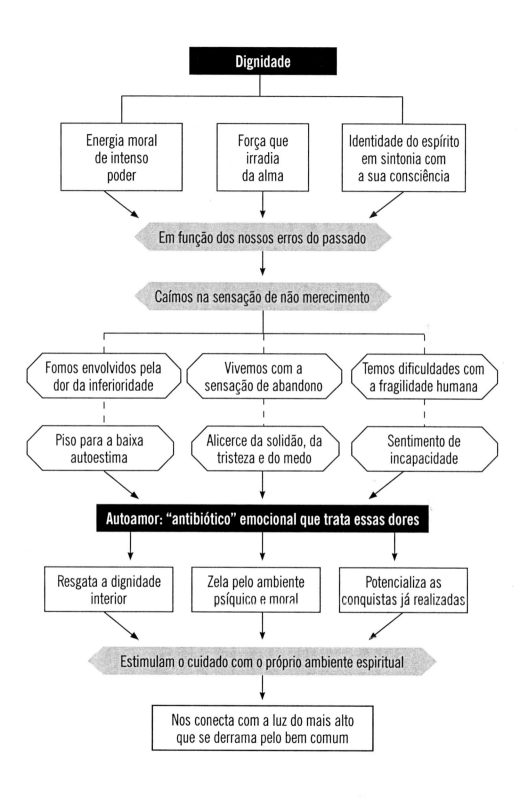

2.2.
Aceitação de si mesmo, o **autoamor** em plena ação

O primeiro e mais fundamental passo para a renovação dentro de si é a aceitação, gesto de profunda afetuosidade a si próprio.

Quando você acolhe seus "monstros" interiores, eles se enfraquecem. Quando você os nega, eles se fortalecem.

A atitude de honestidade emocional em reconhecer suas imperfeições é a porta que se abre para grandes transformações na conduta, nos sentimentos e nos pensamentos.

Renovação interior não é anular ou acabar com algo em você, mas educar as más inclinações para que elas se transformem em força, orientação e paz. Nada precisa ser destruído em você, tudo deve ser transformado.

Quando não se é educado para gerenciar conflitos internos, assume-se uma postura de inimizade consigo. Essa resistência ao seu lado sombrio faz tudo ficar mais pesado, aumenta o efeito de suas limitações e dificuldades como se colocasse sobre elas uma lente de aumento. Chama-se de martírio o ato de entrar em litígio com seu lado sombrio.

Renovar-se já é um ato muito difícil, e com martírio fica ainda pior.

A melhoria só acontece quando você olha com sabedoria e misericórdia as origens de seus equívocos, quando ama sua imperfeição temporária e aprende a transformá-la em luz e rota em sua vida.

Somente se for amigo de si mesmo e acolher até seus enganos é que conseguirá se reerguer e recomeçar por meio do acolhimento amoroso a si próprio.

O autoamor floresce em quem se abraça com ternura mesmo nos instantes de intensas tempestades no reino do coração. É mais fácil olhar para o dia com olhos de bondade nos instantes de bonança, mas, diante da noite escura da alma, é imperioso que os olhos sejam inebriados de amor para iluminar os caminhos no rumo do alívio e da cura.

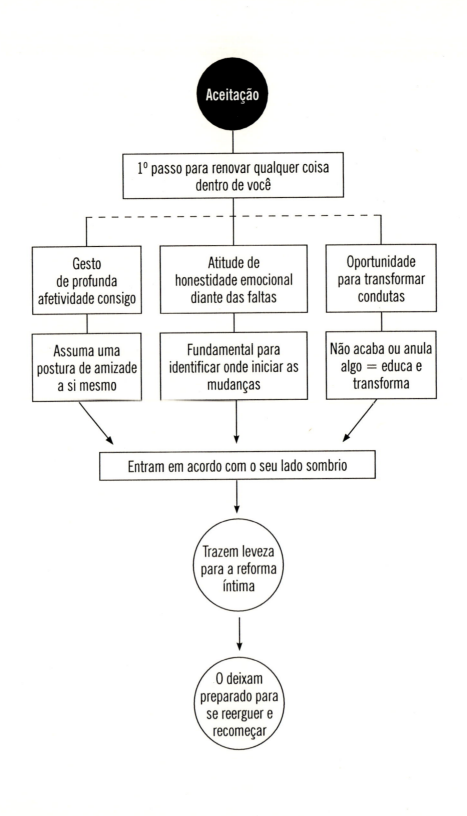

2.3.
Autoperdão
é o ponto de partida

"Precisamos aprender a ser gente, a ser humano, a exercer o autoperdão, a admitir falhas, ciente de que podemos recomeçar sempre e sempre, quantas vezes forem necessárias, sem que isso signifique, necessariamente, hipocrisia, fraqueza ou conivência com o mal. A proposta espírita é de aperfeiçoamento, e não de perfeição imediata... O objetivo é sermos melhores, e não os melhores".

Reforma íntima sem martírio,
Ermance Dufaux, capítulo 18.

Se você ainda não conseguiu alcançar a sua meta de ser quem (e como) gostaria, entenda que isso só será possível com o tempo, com persistência nos novos hábitos e os cuidados com o acolhimento afetuoso e diário a si mesmo.

O importante é não passar a vida inteira sem o esforço determinado de mudança espiritual, não importando sua idade ou seus erros. Ninguém veio ao Planeta sem o propósito de progresso. Pode ser difícil, mas não é impossível realizar sua transformação pessoal. Comece a qualquer tempo, isso é o que define o seu futuro.

O autoperdão é a estratégia inicial, o ponto de partida. É a sua amorosidade dirigida a "quem você é", incluindo seus limites e imperfeições, e com ele você para de brigar com sua sombra interior, com aquele seu "lado" que o incomoda e do qual você não gosta. Ele lhe permite parar de viver de acordo com o que os outros pensam. Se tiver coragem de realizar um encontro afetuoso com essa sua parte sombria iniciará um novo ciclo em sua vida.

Fazer as pazes com o que considera o pior em você é fundamental para alcançar novas posturas e ser alguém melhor. Negar ou tentar destruir essa parte é infernizar sua existência e não progredir.

Portanto, para ser alguém melhor, o primeiro passo é abraçar a si mesmo, olhar-se com bondade e aprender a gostar de si como é de verdade. A melhoria só surge depois disso.

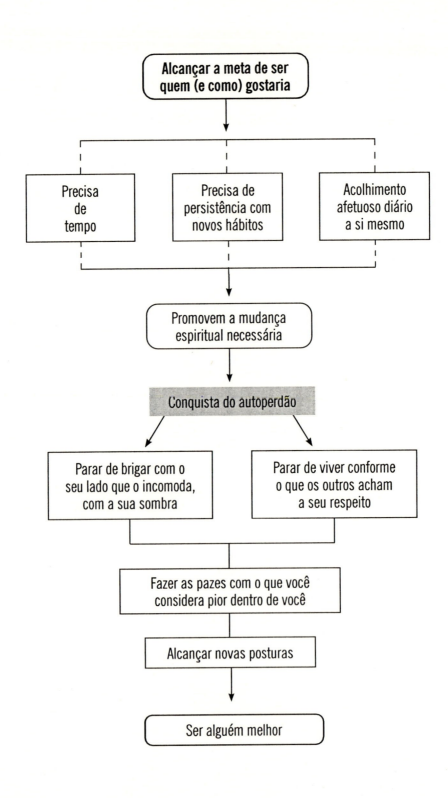

2.4.
Sentimento de rejeição, **expressão emocional** do abandono

Deus e suas leis perfeitas são um reflexo da amorosidade, da aceitação e do acolhimento incondicionais. Entretanto, cada consciência, ao longo do vasto trajeto das reencarnações, consolidou na vida mental a dolorosa emoção da falta de merecimento e valor pessoal. Por meio de atos ofensivos à lei do bem e do amor estabeleceram o piso psicológico da culpa que arremessa o espírito nos charcos do remorso improdutivo e do sentimento de rejeição, criando a ferida evolutiva da sensação de abandono, situações cavadas pelo próprio ser, uma vez que o Criador nunca abandona suas criaturas.

A expressão emocional mais conhecida do abandono pode ser percebida por meio do sentimento de rejeição acompanhado, quase sempre, por muita tristeza e solidão.

Rejeitar significa não aceitar. Você só vai acatar a rejeição alheia se não aceitar algo em si próprio. Se se mantiver no eixo do amor-próprio não sustentará a carga dessa sensação desagradável dentro da alma nem sofrerá todo o impacto dela, mesmo que o outro queira rejeitá-lo.

A rejeição é fruto da culpa, muitas vezes inconsciente, a respeito de si próprio, e se expressa por uma sensação de inadequação. Para que ela surja, não são necessários vínculos de um relacionamento afetivo, qualquer pessoa pode despertá-la em você.

Uma crítica, um comentário, uma fala mais agressiva ou até uma atitude clara de reprovação são suficientes para disparar internamente o programa do autodesvalor. É como um terremoto na vida interior que tira tudo do lugar e o desorienta. Qualquer atitude nessa hora, sem uma elaboração muito consciente dos resultados desse terremoto, pode ser uma precipitação ou um caminho para a dependência na relação.

A maior dor que está baseada no sentimento de rejeição é a de que seu valor pessoal pode ser colocado em xeque diante do que alguém faça, diga ou pense a seu respeito. Entra em jogo um grande receio de que a imagem que criou a seu respeito venha a se desfazer e, com isso, surge o medo do abandono, que se expressa acompanhado da tristeza e do medo da solidão.

Aproxime-se mais de si mesmo. Quem necessita aprovar a si próprio, com suas mazelas e qualidades, é você. A função ecológica da rejeição é chamá-lo para mais perto do seu eixo de segurança e equilíbrio, é solicitar mais afeto para si.

A grande mensagem terapêutica da rejeição nos seus relacionamentos é saber se você rejeita algo em si mesmo e o que está sendo rejeitado.

Uma série de perguntas nasce dessa reflexão: "O que você não aceita na sua personalidade?"; "Que atitudes suas você recrimina e rejeita?"; "O que você não gostaria de continuar falando, sentindo ou fazendo em sua vida?"; "Por que você é um cobrador implacável a seu respeito?".

Se você se sente desconsiderado e rejeitado, mergulhe nas águas do autoamor e procure maior integração com sua grandeza espiritual que, sem dúvida, está dentro de você. Como qualquer outro filho de Deus você merece a sublime amorosidade do Pai em seu favor.

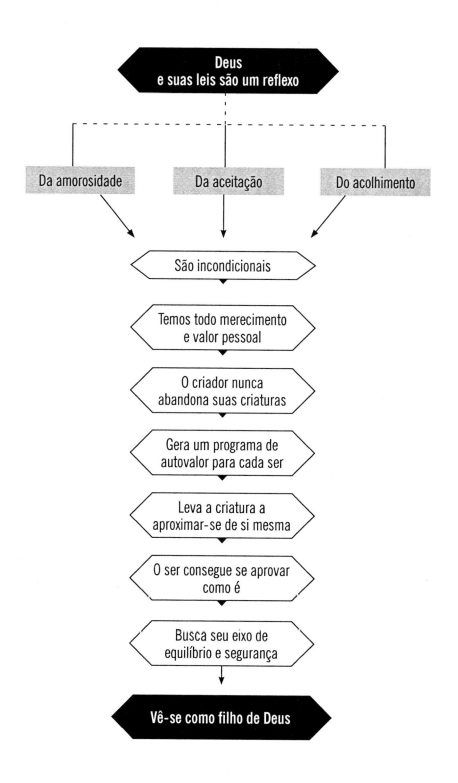

2.5.
Sua **maior imperfeição** é o mapa para desenvolver seu **maior talento**

"Não ajunteis tesouros na terra, onde a traça e a ferrugem tudo consomem, e onde os ladrões minam e roubam; Mas, ajuntai tesouros no céu, onde nem a traça nem a ferrugem consomem, e onde os ladrões não minam nem roubam. Porque onde estiver o vosso tesouro, aí estará também o vosso coração.

Mateus, 6:19-21.

Assim é você. Tem muitos poderes e talentos. Evoluir e ser feliz consistem exatamente em conhecer, explorar e assumir esses recursos. Entretanto, não há como trilhar essa jornada de crescimento sem ter contato com seu ponto fraco, a maior fragilidade da sua alma.

Todos têm um ponto vulnerável estruturado na vida mental, moral e emocional. Para tratar essa vulnerabilidade, você vai precisar da amorosidade para abordá-la. Ela não é um defeito como muitos a consideram, é uma necessidade de aprimoramento. Se você a trata como defeito, vai se julgar inadequado, não suficientemente bom e capaz. Se, ao contrário, tiver um olhar amoroso, vai reconhecê-la como um traço inerente ao gênero humano, que todos têm, porque ainda não há perfeição no Orbe e estão ali para serem aprimoradas, não são uma espécie de aberração da criação.

É incrível quando você constrói um foco curativo para sua fragilidade. Você percebe que aquele aspecto, na verdade, abriga internamente um poder. É a forma como Deus lhe mostra algo a seu respeito e que você necessita desenvolver com um olhar mais atento e profundo. Portanto, tome sua principal necessidade moral ou espiritual como algo maravilhoso e que tem o objetivo sagrado de levá-lo a descobrir como superá-la. E, por meio desse esforço, você encontrará um grande talento, uma nova habilidade. Sua maior imperfeição vai levá-lo ao seu maior poder.

Para isso, comece a dedicar-se com mais seriedade, maturidade, acolhimento e disposição a enfrentar essa sua imperfeição. Comece a ouvir o que as pessoas mais competentes têm a lhe ensinar sobre ela, estude e entenda tudo a seu respeito. Isso é curativo e libertador, ou seja, o libertará da dor.

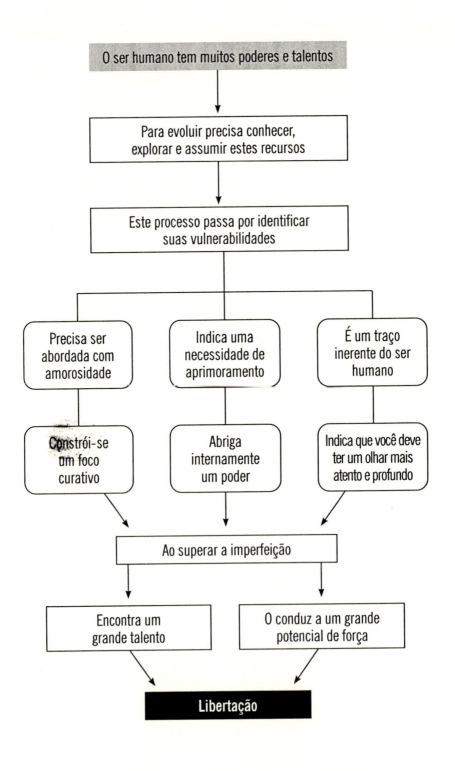

2.6.
Seu sofrimento
aumenta à medida que
você responsabiliza
os outros pela sua dor

Ao sentir raiva, inveja, aversão, irritação, desprezo e outras emoções com relação a alguém, esses sentimentos o levarão a comportamentos de cobrança, julgamento, indiferença, manipulação, impulsividade e esforço para convencer os outros de que você está certo, gerando vários conflitos na convivência.

Por trás desse conjunto de sentimentos e condutas está, como pano de fundo, a inadequação com a qual você lida com o amor dos outros a seu respeito.

Quaisquer episódios dessa ordem são sintomas evidentes de que você precisa se conectar com seu potencial crescimento, resgatando e acolhendo sua natureza íntima.

A falta de aval a si mesmo é indicador do baixo nível de autorrespeito e da relação pobre que você tem com seu patrimônio de aquisições espirituais.

Quanto mais você responsabiliza os outros pelas dores emocionais que o ferem, menos amor a si você dedica.

Melhore seu nível de autoamor e todas essas emoções e condutas tomarão outra dimensão, pois será capaz de transformar sua raiva em criatividade para desenvolver a serenidade diante dos desafios; a inveja em força para buscar seu sucesso, acionando mais sua inteligência; a irritação em pistas para reconhecer seus limites e atender suas necessidades; a mágoa em oportunidade para rever expectativas e ilusões; o medo em busca de maior preparo e atenção para enfrentar algo que precisa ser superado; e assim deve procurar agir com todas as demais emoções. Não é o outro que o aprisiona, é o que você aceita na relação com o outro que o afasta de si.

Reclamar do carma, dos pais que não o educaram, do obsessor, da condição política e social do país é muito fácil. Difícil é assumir que você responde por cada escolha e por cada ato da sua vida.

Você pode estar sofrendo em um relacionamento sem nenhuma necessidade e sem nenhum objetivo, simplesmente por ser uma escolha sua. Nem sempre vai precisar terminar um relacionamento, mandar um filho sair de casa, romper com seu chefe ou encerrar um compromisso qualquer. Basta não ignorar os apelos íntimos de uma sobrevivência digna e saudável, não aceitar atitudes que prejudiquem seu equilíbrio emocional e psíquico e preservar e dar espaço para sua individualidade.

Lembre-se: Quanto mais você responsabiliza os outros pelas dores emocionais que o aprisionam, menos amor você se dedica.

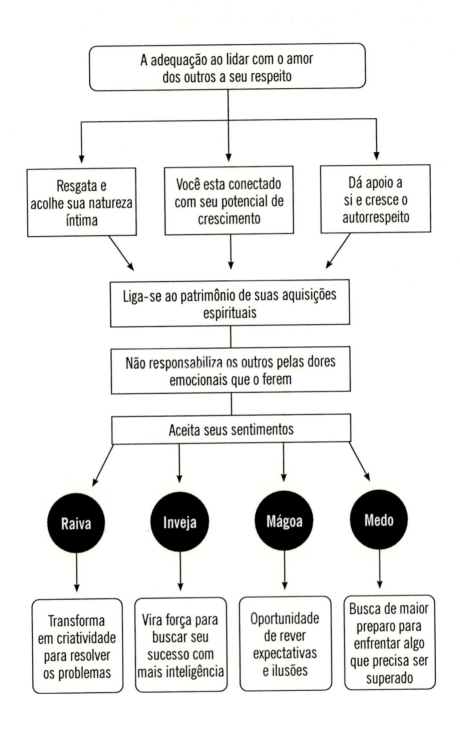

2.7.
Seguindo o fluxo
da **sua história**

Sabe por que alguém que você acreditava que não daria certo em nada está tendo ótimos resultados na vida? Sabe por que aquele que pensava ser uma negação nos relacionamentos, nos negócios e na vida está no caminho certo, apesar das suas expectativas negativas?

É simples! Ele está vivendo a sua própria história, com o melhor e o pior que tem, está seguindo o fluxo da sua natureza em consonância com seus valores mais nobres e administrando com sabedoria os não tão nobres assim. Não está ocupado em viver para agradar nem em dar respostas para o que estão pensando dele. Está na fluidez da estima pessoal.

Ao contrário, quem só vê sombra e defeito ou nada espera dos outros, está vivendo uma das mais doentias formas do comportamento humano: o julgamento tóxico. Ou seja, está dando soberania e poder aos seus decretos de supostas verdades sobre aquela pessoa.

É difícil ter uma opinião pessoal e não contaminá-la com o veneno e o lixo do julgamento e da desvalorização ao outro. É de impressionar quanta necessidade ainda existe em derrubar o prestígio, em desconsiderar o valor e prejudicar a vida alheia. E isso só acontece com quem não ama a si mesmo. Essa compulsão infeliz só tem lugar no coração de quem não se assume com bondade, não respeita suas necessidades nem se orgulha dos seus respectivos talentos. Fixar-se no sombrio do outro é pesar a própria vida.

Sabe de uma coisa? O que pensamos uns sobre os outros não faz nenhuma diferença no que determina o sucesso ou não das pessoas. Seguiremos nosso próprio caminho, apesar dos decretos infelizes criados a nosso respeito.

Quem segue o fluxo da sua história pessoal sem se atolar no orgulho de se supor o maior, ou no desvalor pessoal, supondo-se o pior, adquire leveza e sossego interior para se posicionar de forma correta diante das oportunidades.

Essa pessoa constrói a base essencial do sucesso, que é ter relacionamentos positivos. Ela tem a atitude de sempre apostar no melhor do outro, e isto é maturidade e cura.

Manter ideias boas, verdadeiras, justas e oportunas sobre o que os outros fazem, pensam e dizem é ter a cura. Significa livrar-se de carregar o peso energético negativo daquilo que puxa do sombrio do outro. Ter bons olhos e visão espiritual no bem é libertador e promove uma energia de leveza.

Esforce-se para ver a luz presente em seus irmãos de humanidade até onde, aparentemente, ela não está. Quem ganha é você.

3. MISERICÓRDIA, autoamor que se derrama nos CORAÇÕES

3.1.
A misericórdia é um sentimento que une os diferentes

Você busca a religião, aprofunda-se no estudo espiritual, ora e segue certas práticas. São recursos de muito valor para nutri-lo de ideais elevados e dar recursos para realizar a autotransformação de que necessita. Mas, diante de tantas atividades, você precisa parar e se perguntar: E o amor?

Buscar se aproximar de Deus sem se aproximar do próximo ou até de si mesmo é um movimento de adoecimento. Bancar tarefas de assistência nas fileiras de Deus sem melhorar suas emoções na convivência diária com todos é repetir velhas expressões de religiosismo sem amor.

Como amar a Deus se não consegue espaço no coração para respeitar que uma pessoa tenha um gosto musical que, na sua ótica, é obsceno ou ridículo? Se não consegue entender que alguém se diverte cuidando de insetos? Se não consegue compreender que seu vizinho gasta uma fortuna em automóveis? Se para você é uma tolice alguém assistir novela? Estes são pequenos e práticos exemplos que demonstram a infantilidade emocional a respeito desse tema.

Como amar ao próximo sem ter paz interior a respeito das escolhas e condutas que o outro optou para a vida dele? Se não consegue aceitar o que considera mediocridade no próximo, como permitir sossego ao seu coração em relação a diferentes e suas diferenças?

O amor não inclui a necessidade de concordar com aquilo que o outro é ou faz, mas convoca imperiosamente a ter postura íntima de respeito e assertividade para com ele.

O dever impõe o uso do pensamento crítico que aumenta o discernimento e amplia os pontos de vista sobre fatos e ideias. No entanto, quando ele é usado para alimentar o sentimento de orgulho e segregação, transforma-se em emoções de discórdia, discriminação e aversão que afastam pessoas e separam grupos.

A misericórdia é a emoção bendita de quem deixa brotar no coração uma compreensão ilimitada com os desiguais e suas particularidades. Ela extingue a implicância com o modo de ser e de viver do outro e abre portas para o amor verdadeiro, que não permite rigidez nos conceitos e expande o potencial de afetividade para com todos.

Ao acolher suas próprias diferenças, particularidades e aquelas características de sua personalidade que o fazem único, você se inunda de autoamor. Quando você reconhece sua identidade inviolável, sua digital divina, torna-se misericordioso, capaz de compreender a diversidade à sua volta.

O autoamor é desenvolvido à medida que se dedica a ser pacificador de seu mundo emocional, usando a misericórdia consigo e entrando em plena sintonia com a energia da Bondade Paternal, que a todos envolve incondicionalmente no mais puro amor.

Este amor do Pai está descrito na belíssima história do filho pródigo:

"E o filho lhe disse: Pai, pequei contra o céu e perante ti, e já não sou digno de ser chamado teu filho. Mas o pai disse aos seus servos: Trazei depressa a melhor roupa; e vesti-lho, e ponde-lhe um anel na mão, e alparcas nos pés; E trazei o bezerro cevado, e matai-o; e comamos, e alegremo-nos; Porque este meu filho estava morto, e reviveu, tinha-se perdido, e foi achado. E começaram a alegrar-se." – Lucas, 15:21-24.

Para se aproximar de Deus

Aproxime-se de si mesmo

Melhore suas emoções na convivência consigo

Acolha suas próprias diferenças e particularidades

Identifique as características de personalidade que te fazem único

Aproxime-se de seus semelhantes

Tenha paz interior a respeito das escolhas e condutas alheias

Aceite o que considera simplicidade no outro

Tenha respeito e assertividade com comportamentos diferentes

Use o pensamento crítico para aumentar o discernimento

Amplie os pontos de vista sobre fatos e ideias contrários aos seus

Adquira compreensão ilimitada com os desiguais e suas particularidades

Elimine a implicância com o modo de ser e de viver do outro

Quebre com a rigidez de conceitos

Expanda o potencial de afetividade com todos

Torne-se misericordioso

Encontre Deus

3.2.
Generosidade
é um ato de amor e não de culpa

Pessoas generosas são luz no caminho da humanidade. Entretanto, se essa generosidade for acompanhada de um sentimento de culpa, a tendência é que o generoso queira resolver os problemas de todas as pessoas e salvar o mundo, permitindo que sua virtude se transforme em controle e invasão da vida alheia.

Essa pressão interna que causa um extremo desconforto ao ver alguém que ama em sofrimento, pode vir da culpa, e não do amor. Muita gente confunde culpa com os melhores sentimentos de ajuda e dedicação. Amor não causa esse desconforto.

A culpa aparece toda vez que se torna necessário regular uma relação pela revisão de crenças. No caso de uma pessoa que é de grande importância afetiva estar sofrendo, a crença que mais costuma orientar a convivência é: "Sou responsável pelo que o outro sente."; "Sou o motivo pelo qual isto está acontecendo."; "O que fiz para motivar esta dor ?".

Essa crença é orientadora de uma atitude para a qual, possivelmente, você não está preparado para atuar nem será capaz de prestar ajuda suficiente. Portanto, ela é injusta. Daí surge a culpa, cuja função é rever essa forma onipotente de pensar a respeito de lutas e problemas que quem tem de resolver são as pessoas envolvidas.

Quer aprender a cuidar desse assunto em sua vida emocional?

Parece um paradoxo em relação ao ensino do amor de Jesus[1], mas tem gente morrendo de preocupação com a vida de quem diz amar e arruinando sua própria vida por conta disso.

O amor não preocupa, liberta.

Não carrega, estimula.

Não resolve, indica e orienta.

O que mais trava a vida pessoal é se sentir o todo-poderoso, e essa postura faz você acreditar na sua capacidade em resolver o que compete ao outro.

O modelo mental da pessoa controladora é o egoísmo. O egoísta perde a referência de realidade e acredita romanticamente que consegue colocar gregos e troianos em praça pública para fazerem declaração de amor uns aos outros. Chega ao ponto de sonhar com a possibilidade

---

1 Mateus, 5:44-46 - "Eu, porém, vos digo: Amai a vossos inimigos, bendizei os que vos maldizem, fazei bem aos que vos odeiam, e orai pelos que vos maltratam e vos perseguem; para que sejais filhos do vosso Pai que está nos céus; porque faz que o seu sol se levante sobre maus e bons, e a chuva desça sobre justos e injustos. Pois, se amardes os que vos amam, que galardão tereis? Não fazem os publicanos também o mesmo?".

de gerir o que as pessoas devem sentir uns pelos outros.

Não é sem motivos que quem está dominado por esse modelo mental vive constantemente nos braços da mágoa.

Há muita confusão entre interpretar os conceitos sobre amor e bondade e essa generosidade autoritária, sinônimo de disponibilidade tóxica, que ocorre quando uma pessoa se coloca completamente disponível para quem ama, completamente à disposição para fazer o que acredita ser preciso.

Pessoas disponíveis em excesso sentem-se obrigadas a ajudar, pagam um preço alto em prejuízo próprio, tornam-se reféns na mão de abusadores e se enchem de orgulho quando se iludem que conseguiram, com tanto sacrifício, mudar alguém. Disponibilidade tóxica resume-se a uma palavra: culpa.

Pessoas verdadeiramente bondosas fazem o bem possível ao próximo, sentem-se realizadas e com nítida sensação de colaboração e utilidade.

Quem se ama legitimamente não se lança à ilusória missão de tomar a seu cargo a transformação das pessoas, até porque é uma missão impossível.

Generosidade é conquista de gente com discernimento e emoção talhados à descoberta terapêutica de suas sombras, a caminho do verdadeiro amor.

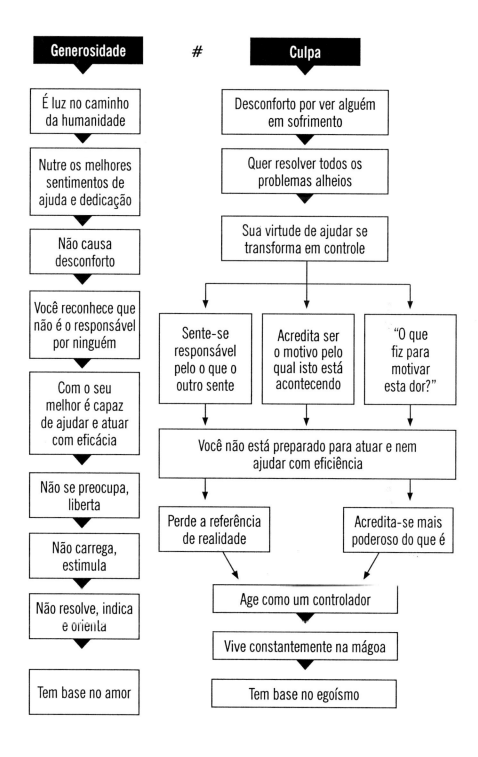

3.3.
Para que serve
a culpa no **sistema emocional**

Entre os moradores do prédio da vida emocional existe um que parece ser o principal agressor do prazer e do desejo, e ele se chama culpa. É o que dá mais trabalho, o que mais exige, mais consome energia e é também o mais persistente quando o assunto é jogá-lo para baixo.

Ele é capaz de tirar a estima e a alegria dos vizinhos. É capaz de causar um tremendo desânimo em todos, depreciando o valor pessoal de cada um, influindo em todas as emoções que fazem parte do condomínio da vida mental.

Neste prédio, por certo a culpa é a "bruxa" que assombra e atrasa, desgasta e faz muita gente sofrer, porque a maioria não entende sua função reguladora e sinalizadora nessa copropriedade de emoções.

Quando não somos orientados para lidar com esse morador, certamente os conflitos íntimos vão chegar até o ponto do remorso, da mágoa e da angústia. Moradores que não estão credenciados a entrar no prédio, uma vez dentro dele, geram muitos conflitos exaustivos na vida interna. A culpa tem por função, sobretudo, propor a retificação de princípios e valores que já não atendem mais às necessidades gerais do comportamento e da forma de sentir. Ela não é uma emoção, serve apenas para fazê-lo identificar algo que está em desconexão com os valores e princípios sociais.

Uma orientação precisa sobre qual é o verdadeiro objetivo do sentimento de culpa pode promover um estado de paz maravilhoso entre os diversos moradores no edifício das emoções. Para isso, é necessário um processo de autoconhecimento bem orientado que permita radiografar a natureza individual da sua culpa, a fim de descobrir o que ela está propondo em favor do seu equilíbrio.

Quem adota o autoamor como forma de viver vai sentir muita culpa, principalmente nos primeiros passos do aprendizado.

Por exemplo, uma mãe que esteja trabalhando sua estima pessoal na escola do amor-próprio terá um profundo desgosto interior em dizer "não" a um filho, mesmo diante da ausência de limite e da falta de responsabilidade que ele apresente. No entanto, ela percebe que, se quer cuidar verdadeiramente de si e estabelecer uma relação de amor madura com seu filho, terá de se lançar à atitude corajosa de se impor, de determinar regras, de dizer não e tomar as rédeas da relação, considerando sua posição de educadora. A culpa estará lá, ativa e marcante, solicitando que ela revise alguma ideia a respeito de não ser uma boa mãe ou ter sido muito rígida com seu filho. A culpa estará lá, propondo um encontro de suas convicções e uma conciliação para que essa mãe não se abandone e estacione na dor de crenças limitadoras que podem sugerir pensamentos de que ela é uma mãe sem sentimentos ou durona demais.

A proposta de rever posturas impulsionadas pela culpa vai abrir as portas do sistema emocional para ser mais benevolente consigo, aplicar a misericórdia e seguir o mapa de Deus para seu destino, que tem o princípio básico e imutável de que você deve ser feliz e repleto de riquezas espirituais.

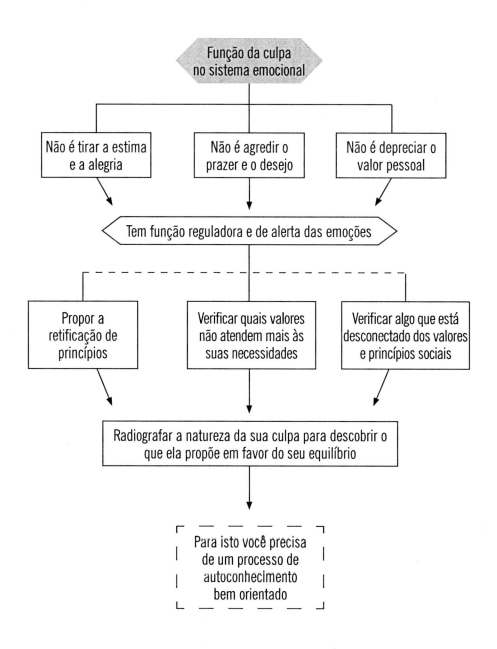

3.4.
Perdoar é examinar onde você falhou para permitir que alguém o ferisse tanto

"Perdoai aos vossos irmãos, como precisais que se vos perdoe. Se seus atos pessoalmente vos prejudicaram, mais um motivo aí tendes para serdes indulgentes, porquanto o mérito do perdão é proporcionado à gravidade do mal. Nenhum merecimento teríeis em relevar os agravos dos vossos irmãos, desde que não passassem de simples arranhões. Espíritas, jamais vos esqueçais de que, tanto por palavras, como por atos, o perdão das injúrias não deve ser um termo vão. Pois que vos dizeis espíritas, sede-o. Olvidai o mal que vos hajam feito e não penseis senão numa coisa: no bem que podeis fazer. [...]"
Evangelho segundo o espiritismo, capítulo 10, item 14.

Perdoar, necessariamente, não implica reatar relações como se nada tivesse acontecido. Perdão nem sempre significa resgatar a relação com o ofensor.

Antes de tudo, perdão é achar a saída da dor emocional que a atitude do outro criou em seu coração. Este é um cuidado de amor a si mesmo. E isso só se consegue quando entende qual a sua parcela de responsabilidade no que aconteceu entre você e seu ofensor. Parece um contrassenso pensar assim, mas, nos assuntos que envolvem as relações humanas, não existe ofensas unilaterais, existe corresponsabilidade para que as mágoas ocorram no relacionamento.

O perdão é construído dentro do coração, na solução da sua dor emocional. Quanto ao ofensor, não há nada a se fazer a não ser conseguir desenvolver um sentimento de respeito por ele e, algumas vezes, dependendo do contexto, mantê--lo distante de sua convivência. Em casos mais raros, pode ser até que uma nova e mais cuidadosa relação possa ser iniciada. Cada história é uma história.

Se o seu conceito de perdão não incluir a solução para a sua mágoa, qualquer iniciativa de perdoar quem o ofendeu será uma atitude de desrespeito a si mesmo. Passar por cima de tudo ou tentar esquecer não é perdoar, é um ato de desamor a si mesmo.

Para quem está desenvolvendo cada dia mais o desejo sincero de crescer e ser fiel ao desenvolvimento do amor legítimo, é lamentável ter do que se arrepender quando se ofende alguém. Porém, o ato de ser ofendido é um capítulo fundamental na escola do autoamor.

Dar o perdão parece ser o gesto mais necessário nos relacionamentos humanos e significa, antes de tudo, verificar dentro de si mesmo qual foi a porta que você abriu para a entrada da ofensa.

Fique atento a isso e reveja o velho e desgastado conceito de que a culpa é do outro. A absolvição e a sua desvinculação do problema só ocorrem quando você examina as razões dessa dor. Ao fazer isso, tudo muda. Aliás, perdoar é isso: examinar onde você falhou para permitir que alguém o ferisse tanto.

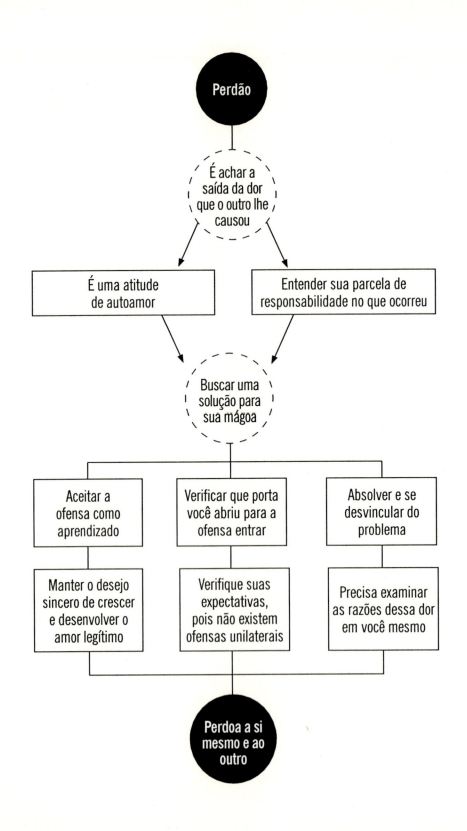

3.5.
Quem está **bem consigo** melhora a **vibração do Planeta**

O ponto de partida para se construir uma relação de amor verdadeiro é você e o seu bom relacionamento amoroso com suas imperfeições, qualidades e experiências. Este é o seu eixo de sustentação, é base segura para não permitir que as dolorosas provas da carência, da ilusão, da codependência e da submissão diminuam sua capacidade de amar. A partir dele, o amor agrega e cura, mesmo que se encerrem relações ou que elas sejam passageiras.

Alguém focado em se amar age e vive de tal modo que leva o outro a perceber que, se quiser conquistá-lo ou compartilhar de sua companhia, terá de merecer. Quem se ama não está disponível para aventuras, manipulações, falsidades ou vivências que não encantem a alma ou sensibilizem o coração. Esse é o segredo da verdadeira felicidade construída a partir de si mesmo.

Quando você pertence a si mesmo, tudo o mais se resume a seguir nutrindo-se do alimento essencial da amorosidade e jamais desistir de amar. Amar sem esperar nada em troca. Amar e viver, experimentar, tentar e aprender. Amar por querer amar e não por depender do amor do outro que deve ser um complemento do seu autoamor. Amar sempre. Quem não desiste do amor não tem do que reclamar.

Quando você aprender como fazer isso e usufruir o bem que esse movimento interior pode produzir, você amará mais o seu próximo, se conectará mais com seu bem e com sua alegria interior, sentindo-se, espontaneamente, mais atraído para estender a mão e o coração em favor do bem alheio.

É verdade que muitos têm medo de cuidar de si, sentem-se egoístas ao fazer isso, e esse é um mecanismo autossabotador chamado vaidade camuflada. Este sentimento precisa de tratamento e orientação. O saudável é zelar pelas suas necessidades e aspirações, e não o contrário. Quem abre mão de si mesmo a pretexto de humildade e desapego não está na linha do equilíbrio. O princípio divino do cuidar-se é a referência mais sadia para quem, de fato, quer cooperar com seu ambiente de relações sociais.

Quem tem medo de cuidar bem de si com o melhor que pode conquistar e usufruir pode tropeçar na vaidade mal resolvida, mal orientada. Quanto mais foge ou se esconde da vaidade, mais ela adoece sua personalidade com condutas de falsa humildade, desprendimento repleto de insensatez, aceitação superficial e raiva que se transforma em mágoa.

O autoamor é luz, libertação e cura. A verdadeira humildade está em ter consciência de si mesmo, cultivar a generosidade a seu respeito e irradiar esse amor ao mundo à sua volta, oferecendo também sua colaboração para o avanço de todos ao seu redor.

Uma pessoa feliz e que se ama ilumina seus passos com sua alegria espontânea, com a energia interminável para o otimismo, com a sabedoria perante os dissabores e com muito incentivo ao progresso e êxito a todos que partilham de sua caminhada.

Quem está bem consigo, melhora a vibração do Planeta com sua generosidade.

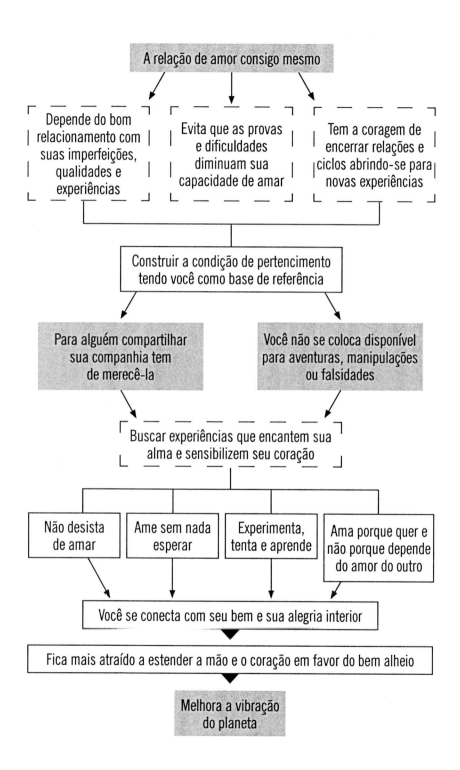

3.6.
Empatia,
a filha do autoamor

"Das diferentes posições sociais nascem necessidades que não são idênticas para todos os homens. Não parece poder inferir-se daí que a lei natural não constitui regra uniforme? Essas diferentes posições são da natureza das coisas e conformes à lei do progresso. Isso não infirma a unidade da lei natural, que se aplica a tudo."

As condições de existência do homem mudam de acordo com os tempos e os lugares, do que lhe resultam necessidades diferentes e posições sociais apropriadas a essas necessidades. Pois que está na ordem das coisas, tal diversidade é conforme à lei de Deus, lei que não deixa de ser una quanto ao seu princípio. À razão cabe distinguir as necessidades reais das factícias ou convencionais.

O livro dos espíritos, questão 635.

Você pode ter o seu ponto de vista, mas isso não lhe confere o direito de menosprezar o ponto de vista alheio.

Tome muito cuidado para não avaliar como sendo importante, correto ou verdadeiro somente aquilo que se assemelha ao seu modo de pensar.

Acolher os que são diferentes de você e aceitá-los sinceramente na convivência com suas diferenças é a arte de aprender e crescer na diversidade, um conceito libertador, que oferece leveza à vida e amplia a experiência intelectual, moral e mental.

Nunca o ser humano foi tão testado na capacidade de conviver com tal grau de diferenças como agora. Nessa diversidade, as opiniões fechadas causam muito sofrimento e conflitos. O mundo está sendo regido por um profundo esforço de aceitação e pela reavaliação de pontos de vista em todas as áreas do conhecimento e da vivência social.

No entanto, é libertador saber que respeitar não significa concordar, apenas entender e nutrir um sentimento de bondade com a diversidade.

O amor que é idealizado e sustentado na mente não sustenta laços de afeto genuínos, é necessário trazê-lo para o sentimento, onde brota a raiz de atitudes nobres e legitimamente pacificadoras.

Dizer que respeita os diferentes e não sentir isso, são experiências muito diferentes. O ego é promotor de fantasias e é capaz de criar uma autoimagem falsa a seu respeito. Você pode imaginar que não tem preconceito por alguém ou coisa alguma; entretanto, se perguntar com honestidade emocional quais são seus sentimentos a respeito disso vai se surpreender em saber que suas emoções são de aversão, desprezo e inveja.

Agentes da paz e promotores da união são pessoas de coração misericordioso, que fazem vibrar as cordas da bondade e conseguem abraçar e deixar o coração transbordar energias benéficas para o outro. São pessoas dotadas de empatia, que conseguem se colocar emocionalmente no lugar do outro e sentir o que ele sente. São capazes de sentir a motivação do outro com ideias e condutas, projetos e formas de viver.

A empatia é filha do autoamor. Quem lida bem com suas sombras interiores é alguém que assume a posse de suas partes internas boas ou não, tornando-se o agente agregador de todas as nuances morais e espirituais de si próprio. Uma pessoa que consegue agir assim consigo, abre a janela mental para a entrada da fraternidade legítima, deixando-se iluminar pelas singularidades do próximo, celebrando-o como seu irmão de caminhada e, tornando-se um reflexo luminoso do Criador na obra divina.

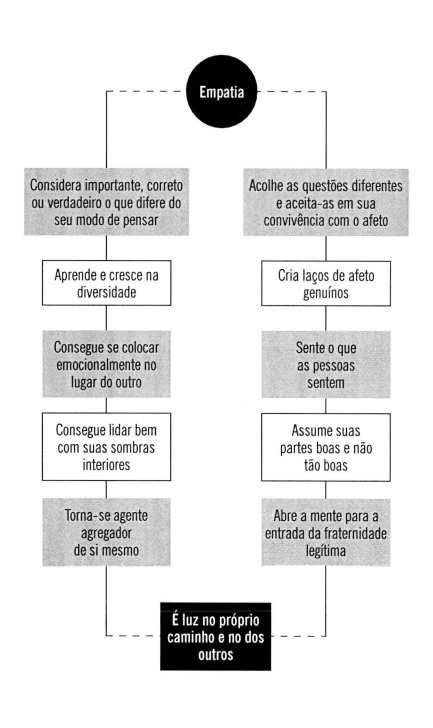

3.7.
A **mágoa serve** para desenvolver maior proteção **nos relacionamentos**

"A ofensa é algo que dói muito. Seria insensato pensar que ela não serve para nada. Essa dor é um alerta na vida emocional, chamando você a repensar sua vida, sua forma de olhar, de agir e suas expectativas, sobretudo, para com as pessoas que você tem afeto. Não existe mágoa entre pessoas que não são efetivamente importantes na sua vida."

Jesus, a inspiração das relações luminosas,
Ermance Dufaux, capítulo 15.

Ninguém deixará de viver o capítulo dos ressentimentos nas lições do amor. É quase impossível aprender a amar sem o episódio emocional da mágoa.

Entre outros sentidos educativos, o desgosto intenso com alguma fala ou atitude de alguém é também um indício de que a relação não está adequada.

Quando você fica remoendo no coração aquela rusga com quem o ofendeu, na verdade, está experimentando duas dores emocionais - a surpresa por algo que não esperava e a raiva por não ter sido capaz de prever os acontecimentos a ponto de evitá-los.

A primeira dor tem relação com quem o ofendeu. Ninguém fica esperando ser ofendido, o que é uma postura saudável e curativa.

A segunda tem relação com você mesmo. É um descontentamento, e serve para que faça um autoexame a respeito de sua conduta nas relações com essa pessoa.

O propósito educativo da mágoa é convidá-lo a rever posturas com o objetivo de desenvolver maior proteção. Quem é profundamente magoado nos relacionamentos está sendo chamado a ter mais cuidado com sua segurança, a cuidar mais de suas necessidades e de sua vida pessoal para não permitir abusos, submissão, lesões emocionais, morais ou materiais.

Pense no que o magoou, examine sua reação, o seu querer a respeito dos acontecimentos e, em seguida, elabore uma reflexão sobre como poderia ter agido, não para revidar, mas para se proteger. Certamente, isso trará alívio e também autoconhecimento.

Os outros fazem o que fazem por motivos pessoais de cada um, dentro do que são e do que podem. O importante é avaliar as razões que o levaram a ser surpreendido pela ofensa do outro e, por consequência, avaliar a si próprio. Quando aplicar esse aprendizado, o ressentimento irá embora e ficará apenas a lição aprendida.

Lembre-se de que a experiência emocional da mágoa serve para promovê-lo às melhores condições de defesa pessoal nos relacionamentos. Quanto antes tiver a coragem de parar de responsabilizar o outro pela sua dor, mais rápido se recuperará dela e voltará para o eixo do seu amor-próprio que está lá, à sua espera, intacto, no reino do coração.

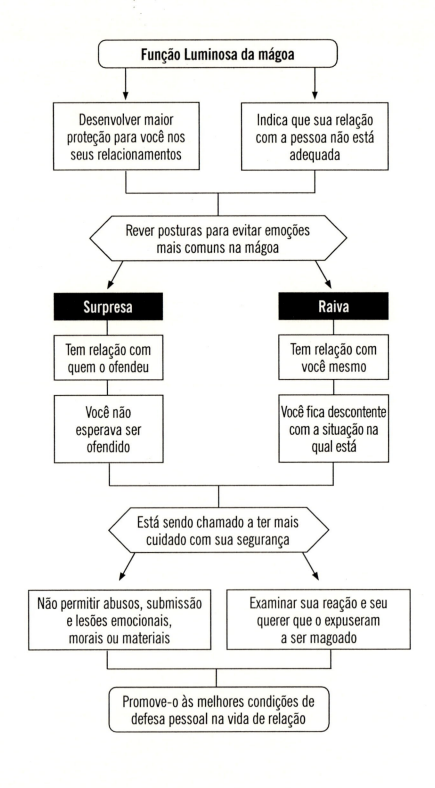

3.8.
Consideração com as **missões alheias**

"Vós julgais segundo a carne; eu a ninguém julgo.
E, se na verdade julgo, o meu juízo é verdadeiro,
porque não sou eu só, mas eu e o Pai que me enviou."

João, 8:15-16.

Contenha seus ímpetos de desmerecer o valor do trabalho alheio.

Na obra do bem em implantação na Terra, cada trabalhador e cada trabalho são comparáveis a um tijolo. Em uma parede, quando é assentado corretamente, contribui no erguimento da obra e para isso, não dispensa a massa da união e do amor.

Sem a massa, o tijolo continua sendo só um pedaço de barro cozido, já não tem a mesma utilidade, e a ausência desta ainda provoca o enfraquecimento da parede e a deixa inacabada.

É bem verdade que existem obras maiores e menores, responsabilidades mais extensas e atividades mais singelas.

Entretanto, na obra do bem, o que conta não é o tamanho, e sim a função para a qual cada pessoa está designada.

Cumpra sua função e não se iluda em achar que ela é mais importante que a do outro.

No fundo, ninguém conseguirá ultrapassar a condição de um simples e valoroso tijolo na consolidação de um mundo melhor se permitir que suas crenças de grandeza o entorpeçam com a ilusão de se supor melhor que o outro.

Agradeça a Deus por já se encontrar realizando algo de útil e valoroso nos caminhos da luz espiritual; entretanto, vigie seu coração para que o orgulho não o induza a criar miragens sobre o verdadeiro valor daquilo que realiza.

Por maiores que sejam as iniciativas luminosas, os habitantes do nosso Planeta ainda são aqueles doentes em recuperação, que trabalham intensamente pela própria alta no hospital da redenção consciencial.

Todos nós estamos colaborando para a obra da implantação do bem no Orbe, em maior ou menor proporção. Manter-se no julgamento enfermiço a respeito da natureza ou grandeza da tarefa que alguém realiza, avaliando e depreciando, é abrir as portas para a obsessão do orgulho e da inveja, a caminho da ilusória supremacia do ego.

A missão de cada pessoa

Merece reconhecimento e tem valor

Cada trabalhador com sua atividade
é um tijolo

A obra é de Deus

Para unir cada tijolo a massa necessita
de união e amor

A ausência de tijolo causa
enfraquecimento

Deixa a parede inacabada

Cada tijolo tem uma função

Nenhum é mais importante que o outro

Todos juntos e devidamente posicionados
edificam um mundo melhor

4.

RELACIONAMENTOS AFETIVOS, a nutrição dos que celebram O AMOR-PRÓPRIO

4.1.
Por que **amar** causa tanto **sofrimento?**

Pai João, amar dá muito trabalho. A gente corre muito risco e acaba sofrendo. Por que sofremos tanto para amar?

Meu filho, não é o amor que faz isso, e sim o tipo de relação que você cria com quem ama.

Se é uma relação possessiva, o amor fica soterrado pelo controle e pela manipulação.

Se é uma relação de ciúme, o amor fica sufocado pela desconfiança e pelo medo.

Se é uma relação de ambição, o amor fica submisso às ações de interesse e falsidade.

O amor aproxima as pessoas para que haja crescimento, e não apenas encantamento. O relacionamento afetivo agrega riscos, tentativas, erros, acertos, dar o seu melhor, desenvolver a capacidade de entender o limite do outro, perceber valores, exercer a compreensão com as imperfeições e muito mais. O amor une, mas ele não une apenas para que as pessoas vivam de mimos, carícias e momentos felizes. Ele une para que, diante das desigualdades, aprenda-se a amar o que há de diferente no outro, e com isso se desenvolva a maturidade na vida. Em resumo, amar constitui colocar acima de tudo a arte de irradiar o verdadeiro e maduro afeto, e nunca desistir de iluminar o coração com sua força.

O sofrimento não vem do amor. Vem da sombra interior que a luz do amor não se propõe a extinguir e sim transformar. Ao contrário, a energia do amor entre duas ou mais pessoas propõe transformações, surpresas e interações de todas as partes do ser, cujo fim é criar uma versão melhor daquele que se propõe a amar.

O autoamor é a emoção do equilíbrio que vai lhe permitir discernir e avaliar até onde consegue ir. E, ao conhecer seus limites, saber dissipar as sombras que surgem nos seus vínculos de afeto. Só quem quer dar mais do que pode aos assuntos da vida amorosa amarga o sofrimento de ter de controlar a convivência na tentativa de fazer surgir o amor.

A alegria de quem está em sintonia com as energias superiores é recomeçar, quantas vezes se fizerem necessárias, a realizar algo, fazendo apenas o seu melhor. Nada mais!

Assim, a vida vai responder-lhe com os melhores resultados, permitindo que o amor supere a dor, efetivando o processo da gestação de uma pessoa melhor na qual você se transformará nos dias vindouros.

Esteja certo de que, se lhe faltar energia para isso, ela sobrará em abundância nas fontes da bondade e da misericórdia de Deus.

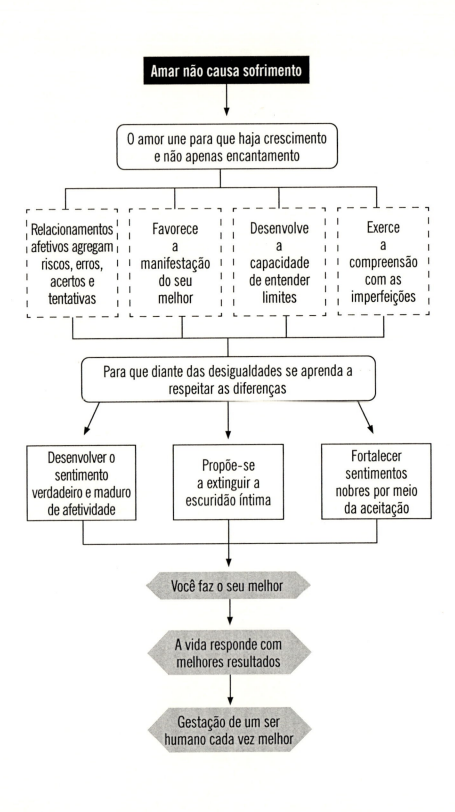

4.2.
O **amor verdadeiro** floresce também **nas divergências**

"Ainda que eu falasse as línguas dos homens e dos anjos, e não tivesse amor, seria como o metal que soa ou como o sino que tine. O amor é sofredor, é benigno; o amor não é invejoso; o amor não trata com leviandade, não se ensoberbece. Não se porta com indecência, não busca os seus interesses, não se irrita, não suspeita mal; não folga com a injustiça, mas folga com a verdade; Tudo sofre, tudo crê, tudo espera, tudo suporta. O amor nunca falha; [...]".

I Coríntios, 13:1, 4-8.a

Há quem pense que o melhor critério de escolha para um relacionamento dar certo seja encontrar alguém que pense ou viva o mais semelhante possível de si mesmo. Não há segurança nenhuma nisso, pois, se houvesse, o mundo estaria uma maravilha, porque este parece ser um critério muito difundido e praticado.

Esse modo de pensar pode ser apenas egoísmo, pois reflete a atitude de procurar seus gostos, suas preferências e interesses na outra pessoa, apaixonando-se por si mesmo no outro em um processo de narcisismo desmedido. Pode ser também uma escolha baseada no medo em relação ao seu grupo social, especialmente em relação à família, que poderia prendê-lo a julgamentos e trazer um receio de perder o amor deles ao escolher alguém muito distante do universo de suas crenças, valores e hábitos.

Mesmo que, diante das "ordens do coração", você deva pensar, amadurecer sua opinião, calcular riscos, ser prudente, conhecer a outra pessoa, nunca esqueça uma verdade que derruba de vez esses critérios de aparente segurança a respeito de um relacionamento seguro e estável: o amor verdadeiro floresce também nas divergências.

Até aqueles que escolheram baseados apenas em afinidades e semelhanças perceberão que as diferenças vão aparecer ao longo do caminho, testando sua capacidade de amar.

O amor subtrai as máscaras, e quem ama de verdade não troca expectativas ilusórias por essência e vida real.

Priorizar o que não agrega, no terreno do amor, expressa a dinâmica do ego sustentando a carência, a falta de estima e a completa ausência de contato com o amor-próprio.

Quando a vida une duas pessoas de uma forma espontânea, acima de todos os critérios confiáveis de escolha, a única postura que pode garantir um grau a mais de segurança e sucesso a esse encontro é avaliar qual o nível de honestidade emocional esse par vai usar em seu relacionamento. Quanto menos falsidade, mais autenticidade, mais espaço para o amor florescer, mais a porta do coração se abre para a simplicidade e, nesse mar de natural espontaneidade, o coração navegará em bons ventos.

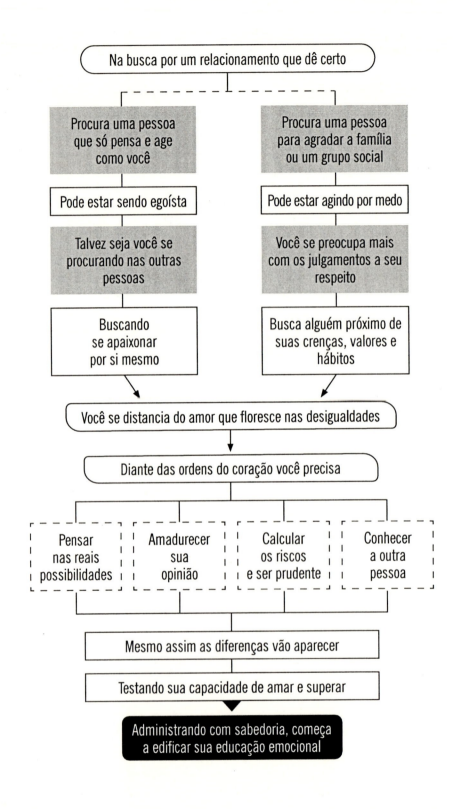

4.3.
Pontes de amor **que** **unem** os opostos

"A beleza da vida está no ato de todos serem diferentes e terem algo de novo a nos ensinar. Compete-nos nos abrir para esse mundo novo de vivências altruístas e alteritárias. É o desafio de conviver bem com a particularidade alheia, sem querer adaptá-la à nossa visão pessoal.".

Diferenças não são defeitos, Ermance Dufaux, capítulo 1.

Duas pessoas que se oferecem ao amor são duas estradas distintas e ricas em função da diversidade de talentos que cada uma carrega.

São como as duas margens de um rio. O que se faz quando há um grande rio a transpor e se deseja chegar ao outro lado? Constrói-se uma ponte.

Assim é quando você se relaciona com alguém: de um lado, você, com suas conquistas e limitações, e do outro, alguém diferente, com outros patrimônios e desafios.

O amor é essa ponte que permite a travessia segura para ter acesso a outras pessoas. Nele está a segurança de um trajeto que pode ser percorrido com mais estabilidade, o que não quer dizer que não haverá turbulências, ventos desfavoráveis e momentos de cuidado.

Ainda assim, quem disse que seria impossível chegar à outra margem? A ponte resistente está lá, favorecendo o seu melhor. Quanto mais sólida, mais segura, e quanto mais segura, mais promissora.

Há quem acredite que amor é coisa que deveria vir em um pacote completo, no qual a ponte já deveria estar pronta ou até, no cúmulo da zona de conforto, que não deveria existir travessia. Essa ilusão tem enfraquecido o espírito na hora de construir relações saudáveis.

A beleza das diferenças dá sentido ao amor. Edificar essa ponte é perceber que não se desistiu de construir sua felicidade, de chegar à margem dos diferentes com suas diferenças.

Quanto mais se abre o coração para o outro, mais e mais as pontes serão fonte de alegria, de novas experiências e de amores saudáveis e duradouros.

Ame-se imensamente e construa suas pontes, sempre!

Amor é a ponte que
une duas pessoas
diferentes

Cada pessoa
possui experiências
distintas e ricas

Possuem
diversidade
de talentos

Você tem suas
conquistas e
limitações

O outro tem
patrimônio diverso e
desafios diferentes

O amor permite uma
travessia segura de
um para o outro

Dá estabilidade
e é uma ponte
sólida

Quanto mais pontes
mais amor em sua
vida

4.4.
Ficar ao lado de alguém só para **pagar dívidas espirituais** pode não ser o melhor caminho

"Ide, porém, e aprendei o que significa: Misericórdia quero, e não sacrifício. Porque eu não vim a chamar os justos, mas os pecadores, ao arrependimento.".

Mateus, 9:13.

Uma noção muito pesada e sacrificial de carma tomou conta da cultura ocidental. Talvez pela influência da cultura religiosa predominante na visão da cultura ocidental adicionou-se o conceito de dor e pecado ao princípio do carma, que faz parte das culturas mais antigas do Oriente com um sentido mais positivo e pacífico.

Infelizmente as religiões, nelas incluindo a cultura da comunidade espírita, estão muito carregadas de um conceito tóxico, no qual a proposta é sofrer por sofrer para pagar dívidas de outra reencarnação, sem que neste contexto estejam presentes a misericórdia de Deus e o direito ao progresso que todos os Seus têm.

Essa cultura trouxe como efeito um comportamento inativo diante do sofrimento e um conceito distorcido da resignação, que não é sinônimo de passividade diante dos problemas e dificuldades na vida, como se eles tivessem sido previamente planejados e de nada adiantaria tentar mudar esse projeto feito antes do renascimento carnal.

Por uma questão de medo e acomodação, muitos olham para as aflições como compromissos do passado pelos quais têm de passar. Isso, supostamente, parece ser mais fácil do que se dar ao trabalho de acionar a coragem e o ânimo de encontrar soluções e respostas para sair de suas dificuldades. Transformar o sofrimento em algo útil e educativo é realmente mais trabalhoso!

Suportar apenas, aguentando situações e relacionamentos, prendendo-se a sentimentos e atitudes na convivência que não agregam valores novos e ainda desestruturam a vida psicológica não é uma postura nutritiva para seu crescimento, pois a aquisição de conhecimento que precisava ser feita ganha um tempo extra, já que este aprendizado poderia ter seus ciclos concluídos para a abertura de novas etapas. A proposta não é carregar os problemas e aguentar viver sob o peso deles, e sim reagir produtivamente e encontrar as saídas para eles e para as más experiências, acionando a criatividade para aquisição de novas virtudes.

Passar uma vida inteira aguentando relações destrutivas em prol da família, de um casamento ou da vida profissional pode acarretar sérios problemas espirituais. Desencarnar doente e infeliz, magoado e insatisfeito, causa muita perturbação no mundo espiritual. E, quando você encarna novamente, traz consigo os mesmos problemas para resolver, porque a aquisição que deveria ter sido completada com aquelas experiências ainda não está concluída, o ciclo não foi fechado. O carma não se fecha com dor e sim com aprendizado, com atitude renovada.

O ideal é concluir as etapas aprendendo o que a dor e os desafios da vida têm para ensinar. Isso significa avançar em percepção sobre algo que o aflige e progredir.

A única questão à qual você está "condenado" é a de agir, de encontrar saídas e soluções válidas, sem fuga. Agir para prosseguir crescendo sempre, vencendo desafios de crescimento cada vez maiores, e não condenado a sofrer.

A lei de Deus é de amor, não quer castigar e sim educar. Que bom pensar desse modo! Isso muda muita coisa! Com misericórdia, inteligência, disposição sincera de aprender, boa vontade e uma farta dose de coragem, pode-se encerrar muitos ciclos de dor.

Ninguém, em juízo perfeito, deve buscar intencionalmente a dor; todavia, quando ela chegar, é muito bom saber que traz um recado de Deus, que pode ser traduzido assim: "Filho, eu lhe entrego essa dor apenas para que olhe no espelho da vida e perceba o quanto precisa aprender acerca daquilo que ela veio lhe ensinar, principalmente diante de suas próprias escolhas. Aprenda o quanto antes a superar essa dor e concluir a lição que lhe é oferecida. Ame-se intensamente e perdoe-se.".

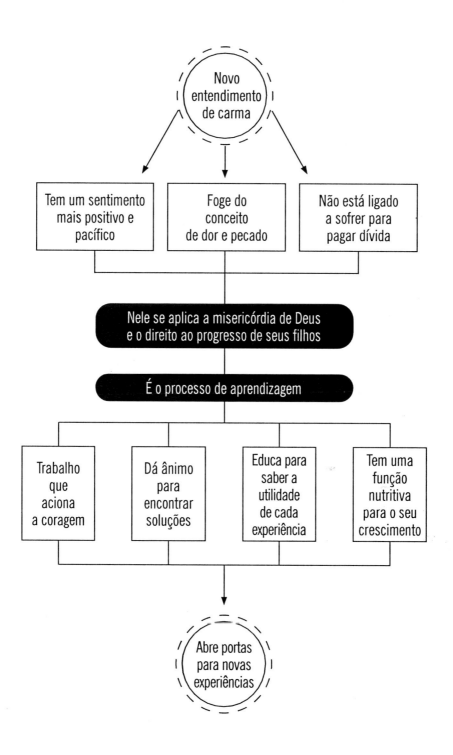

4.5.
Malabarismos emocionais
para controlar os relacionamentos

"Não julgueis, para que não sejais julgados.
Porque com o juízo com que julgardes sereis julgados, e com
a medida com que tiverdes medido vos hão de medir a vós.
E por que reparas tu no argueiro que está no olho do teu
irmão, e não vês a trave que está no teu olho?
Ou como dirás a teu irmão: Deixa-me tirar o argueiro do teu
olho, estando uma trave no teu? Hipócrita, tira primeiro a
trave do teu olho, e então cuidarás em tirar o argueiro
do olho do teu irmão.".

Mateus, 7:1-5.

Encontrar uma afinidade de outra vida, resgatar laços de amor na eternidade, realizar o casamento planejado nas esferas espirituais e construir um relacionamento para sempre são expressões típicas entre aqueles que partilham uma visão espiritual de vida. No entanto, por conta de carências e sentimentos mal resolvidos, poucos possuem um olhar realista desses temas da relação a dois.

Ninguém entra na sua vida sem um motivo. Todo relacionamento é fonte de experiência e amadurecimento. Ninguém se aproxima de você sem que isso gere um aprendizado.

Essa pessoa, que chegou parecendo que transformaria sua vida para sempre, e para melhor, pode ser alguém que carrega intenções difíceis a seu respeito ou que não vá suportar o peso de suas próprias imperfeições. Ainda assim, tudo é roteiro de aprendizado e avanço.

Existem muitas ilusões relacionadas a esse assunto em função do egoísmo e da falta de maturidade emocional na escola terrena. Uma delas, muito presente nos relacionamentos, é assumir um compromisso de salvar o outro como se isso fosse um plano de Deus arquivado nas esferas espirituais, antes de você reencarnar. Isso até pode acontecer, mas quem assume essa tarefa ingrata de querer mudar o outro e faz disso um compromisso espiritual pode estar distante da lei do amor legítimo e se afastar dos cuidados do amor consigo.

Você renasceu no corpo físico com um único compromisso: o de salvar e curar a si próprio. Evidentemente, para que isso ocorra, você colaborará com o crescimento dos seus elos afetivos, mas a melhora e a transformação são frutos de escolha individual.

Uma relação afetiva, seja de amizade ou em que nível for, envolve dois universos, e suas interpretações a respeito do mundo interno do outro, por mais justas e honestas que lhe pareçam, certamente não são completas nem onipotentes o suficiente para explicar as atitudes infelizes da pessoa para com você.

Você está sofrendo? Está difícil engolir a conduta de alguém? Está se sentindo sem forças diante das escolhas de seus entes amados? Pense assim: "Quero minha paz e minha felicidade e estou decidido a não trazer para mim e carregar em mim tudo aquilo que extrapola meus limites e capacidades, tudo o que não depende de mim, tudo que só diga respeito à escolha que o outro necessita fazer e levar avante.".

Por certo a ilusão de querer convencer ou mudar alguém é o maior dos enganos nos relacionamentos humanos. Quando você não consegue atingir seus objetivos a respeito de alguém, qual é o primeiro resultado disso?

É a tristeza, a decepção, o desânimo e o desgosto na convivência, emoções da constelação emocional da mágoa. Compreenda isso e você verá como sua vida vai ficar mais leve.

Cure sua vida, pois, a partir disso, você nem imagina quantas pessoas à sua volta irão melhorar. Até porque muitos dos problemas relacionados a seus afetos nada mais são do que a reação viciada da parte deles à sua forma de se relacionar que, quase sempre, está cheia de interesse próprio, medo de perder e carência.

Desligue-se da sobrecarga de tudo que não esteja dentro das suas reais possibilidades de cooperar de forma útil e benéfica com seus amados. Vire o jogo, use sua força e vá cuidar do seu próprio bem-estar, porque ninguém cura a própria dor cobrando e controlando o comportamento alheio.

Nos assuntos do relacionamento afetivo, as pessoas fazem apenas o que querem, só amam quem querem e, se você ficar tentando fazer malabarismos emocionais para gerenciar o que devem sentir, vai perder completamente a referência de seu autoamor.

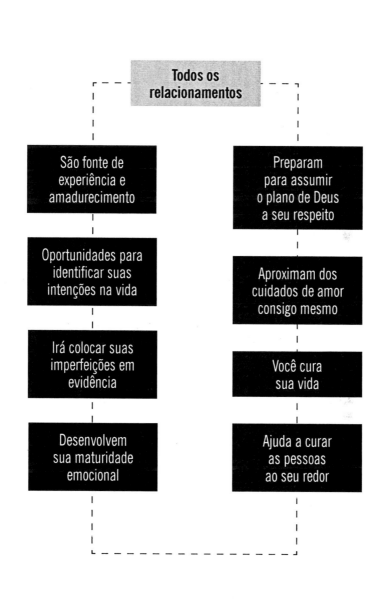

4.6.
Vida amorosa travada

"Vós sois o sal da terra; e se o sal for insípido, com que
se há de salgar? Para nada mais presta senão para se
lançar fora, e ser pisado pelos homens.".

Mateus, 5:13.

Meus filhos, na vida, só temos o que damos. Falo aqui do patrimônio íntimo do ser, pois só temos o que realmente conquistamos com esforço e perseverança ao longo das existências.

Pedir é muito bom e necessário, pois a vida responde sempre. Porém, só quando há repercussão no seu coração é que você ouvirá e tomará parte na resposta enviada por ela.

Siga seu caminho a cada dia, procurando as respostas em favor do seu bem legítimo, e viva as experiências para melhoria de suas condições íntimas. A vida afetiva é uma dessas experiências.

Quando nada acontece de novo nessa esfera de aprendizado, é bom pensar se você não está usando os recursos de sempre, esperando chegar a lugares diferentes. Se não for esse o caso, aquiete o coração, torne-se uma companhia agradável, seja bom para si e aguarde.

Fique atento porque existem muitos sonhos na vida afetiva que não passam de ilusões perigosas do egoísmo. Quando isso acontece, uma das sábias recomendações da vida é se recolher na meditação, com o intuito de reexaminar seus movimentos no reino do amor. Mesmo assim, jamais desista de amar. Essa escolha está ao alcance de todos.

Quem deseja ser amado, precisa observar se está se movimentando o suficiente para amar os outros na mesma medida, se está temperando a vida com os recursos multiplicadores da gentileza, da bondade espontânea e da alegria contagiante. Procure saber se está sendo para o outro quem gostaria que ele fosse para você.

Meus filhos, é indispensável salgar a vida para encontrar o alimento na medida das próprias necessidades!

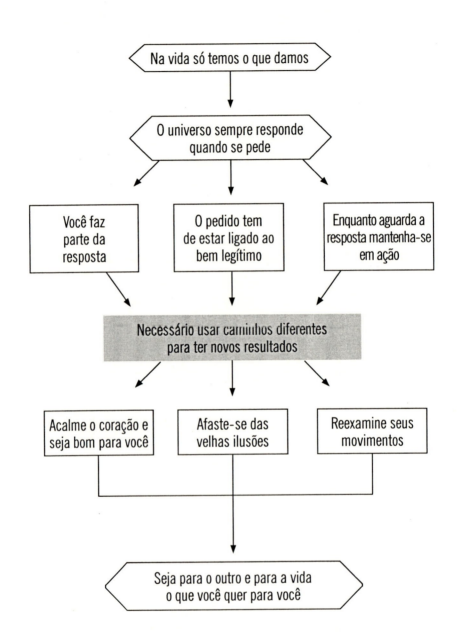

4.7.
Salvem-me de mim mesmo!

"E eu vos digo a vós: Pedi, e dar-se-vos-á; buscai,
e achareis; batei, e abrir-se-vos-á;
Porque qualquer que pede recebe; e quem busca
acha; e a quem bate abrir-se-lhe-á.".

Lucas, 11:9 e 10.

Esse é o pedido desesperado de alguém que descobriu, depois de anos a fio em um relacionamento destrutivo, que o problema maior era ele mesmo. É isso mesmo. É muito cômodo culpar os abusos do outro e não olhar a própria responsabilidade. Onde existe um relacionamento destrutivo existe, de um lado, um abusador e do outro uma vítima que adora transferir suas carências para quem abusa.

Quem vai além do razoável é o egoísta da relação, e o sofredor é o carente no relacionamento.

No fundo, quase todo abusador é um carente que domina e quase todo carente é um abusador que deseja ser preenchido pelo outro, sem ter de olhar para si.

"Salvem-me de mim mesmo!" - raramente ouvimos esse pedido na tela mental dos encarnados. Quase sempre o pedido é: "Salvem-me dessa pessoa ruim!"; ou "Livrem-me de alguém que não quer o meu bem!".

Quando a vítima dos relacionamentos destrutivos cai em si, percebe que sua situação é doentia, que se nutre de emoções venenosas, que não se ama, que está prisioneira de suas próprias necessidades afetivas enfermas. Descobre, então, que está dependente de proteção alheia, inapta para conduzir a própria vida, e sente um medo que a impede de ter vida própria.

Relacionamentos destrutivos não acontecem apenas porque as duas partes são compostas de alguém ruim e alguém bonzinho. Quase sempre o bonzinho nesse tipo de relação é muito similar a quem joga gasolina no fogo, desejando apagá-lo.

A dependência excessiva ao comportamento do outro deixa a pessoa cega para a própria responsabilidade. Viver exclusivamente para alguém ou depender de quem se julga amar é negar sua obrigação de tomar conta de si mesmo.

Reconheça suas necessidades, não fuja delas, aceite-as com respeito. Peça ajuda! Ela nunca lhe faltará.

Sabe o que é o melhor disso tudo?

É perceber que os problemas dos outros são deles e que você só vai responder pelos seus. Isso gera um alívio imenso. É saber que sua vida pode ser resgatada, que o melhor caminho será sempre cuidar-se e aprender a se proteger dos abusos alheios.

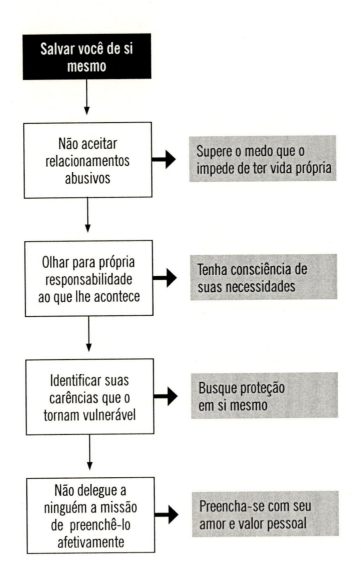

5. ENFRENTAMENTO, o encontro curativo com SUA SOMBRA

5.1.
Quem **se ama** tem sempre palavras **amorosas e úteis**

" Jesus respondeu, e disse-lhe: Se alguém me ama,
guardará a minha palavra, e meu Pai o amará,
e viremos para ele, e faremos nele morada."

João, 14:23.

Sob a palavra de Jesus, um novo mundo se criou.

Existem pessoas que, a pretexto de serem autênticas e sinceras, esparramam veneno com suas palavras. Poderiam, com um pouco de educação, usar a franqueza e dizer o que sentem e pensam sem ferir nem deixar de ser legítimos.

Este é mais um capítulo no programa da educação emocional. Sem coerência interna ninguém consegue se expressar com o seu melhor. A incoerência é o estado de confusão nos sentimentos, ausência de uma organização no mundo das emoções que tumultua o fluxo de suas manifestações. O exercício de desenvolvimento da coerência interna inclui respirar fundo, não falar ou se manifestar por impulso, alinhar por dentro o que realmente você quer dizer e como deve fazer isso ou, quem sabe, se quer mesmo dizer algo. Ponderar antes de comunicar. Isso é maturidade emocional.

Essa atitude infantil de vomitar palavras inadequadas com a desculpa de ser verdadeiro é um caminho que pode motivar a rejeição e até a aversão. É uma das razões que levam muitas pessoas a criar para si uma série de dissabores e ocorrências desagradáveis, porque acabam atraindo energia de baixo teor para sua aura e para seu campo mental.

Há momentos em que se pode ser claro, contundente e verdadeiro. Poucos, porém, estão aptos a fazer isso com bons resultados nos relacionamentos. Isso não deve impedir que essa atitude seja desenvolvida e construída, experiência após experiência.

Já pensou quanto dissabor pode ser evitado com essa atitude e quanta coisa boa você pode conquistar com ela?

À medida que o seu autoamor amadurece, você escolhe ser mais cauteloso com as palavras. O ego já não impera a ponto de fazê-lo acreditar que os outros são obrigados a ouvir o que você acha que eles têm de ouvir. Você apenas manifesta sua postura interior de equilíbrio no que diz. Fala sem as sombrias intenções de ferir, denegrir e diminuir, que costumam se esconder na suposta sinceridade dos que ainda não tomaram consciência dos mecanismos da própria sombra.

Quem se ama, derrama a verdade ao próximo sempre embalada por um desejo legítimo de ser útil e na suave amorosidade que envolve e toca o coração.

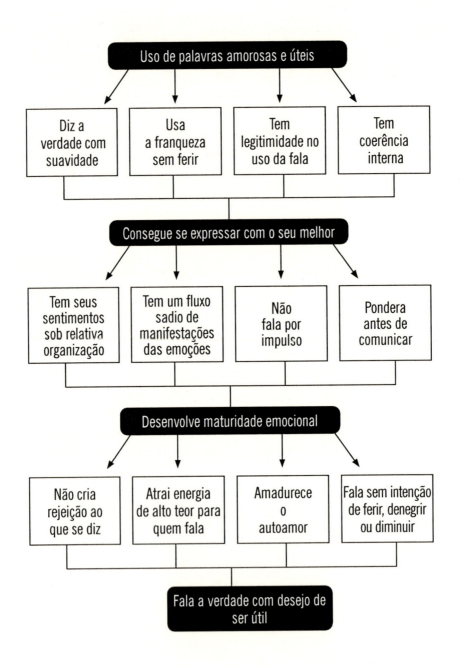

5.2.
O **precioso** aviso da raiva

"Não julgueis segundo a aparência,
mas julgai segundo a reta justiça."
João, 7:24.

A maior parte das emoções de raiva que você nutre a respeito de alguém não diz respeito àquela pessoa especificamente, mas ao tipo de relação que você tem com ela.

A atribuição positiva da raiva é protegê-lo e avisar de que algo precisa ser recuperado ou excluído do relacionamento, seja de que natureza for essa convivência.

Nesse contexto, o que você sente, necessariamente, tem a ver com o que precisa descobrir para se posicionar e construir uma defesa na relação, e isto diz respeito a você. O que o outro vai fazer a partir de suas atitudes de autodefesa é com ele.

Quando você descobrir que a cólera é um alerta e passar a usá-la para examinar que tipo de sentimento o liga a essa pessoa e sobre como isso repercute no seu íntimo, perceberá que a importância que dá ao que o outro faz é sem sentido e não se sustenta. E o melhor é descobrir que está em suas mãos atribuir significados novos e libertadores para o seu próprio bem a esse sentimento abençoado.

Sentir profunda irritação não significa estar contra. É um aviso de que você necessita se cuidar, de que aquela relação, do jeito que está, sufoca-o ou prejudica-o de alguma forma.

Compreendendo essa conotação emocional, toda vez que você se enfurecer, busque avaliar o que não está bom para você, como tem se comportado para que a atitude do outro o prejudique.

Acolha sua raiva como um elemento importante para seu equilíbrio nos relacionamentos e descubra a mudança que ela lhe propõe.

Quem segue esse fluxo desenvolve excelente sensibilidade de defesa pessoal no campo energético e, com o tempo, passa a sentir, instantaneamente, o que pode lhe fazer mal, desde o seu primeiro contato com alguém.

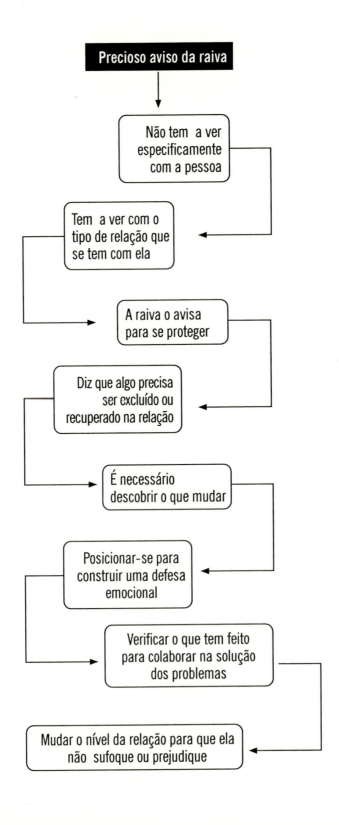

5.3.
A Medicina do futuro
e as doenças emocionais

"A candeia do corpo são os olhos; de sorte que, se os
teus olhos forem bons, todo o teu corpo terá luz;
Se, porém, os teus olhos forem maus, o teu corpo será
tenebroso. Se, portanto, a luz que em ti há são trevas,
quão grandes serão tais trevas!".

Mateus, 6:22-23

Você vai ao médico, faz os exames para verificar alguns desconfortos e dores e ele diz: "Você não tem nada, é tudo emocional". A pessoa sai iludida e pensando: "Ainda bem que é só emocional.".

Esse "só emocional" não deveria ser usado por profissionais no mundo físico como frase de alívio, mas como alerta de algo que pode ser mais severo do que se imagina. Doenças emocionais são tão graves quanto doenças orgânicas.

Hoje, o que é dificuldade emocional necessita receber tratamento, ou se tornará alguma enfermidade no corpo físico, no futuro.

Quando se diz "é só emocional", como se isso não tivesse valor ou nada significasse, na verdade expressa o descuido em realizar uma avaliação precisa e séria a respeito de motivos da alma para que a dor e a doença estejam em pleno curso. Cuide-se, pois isso já é um bom motivo para tomar providências urgentes.

As doenças emocionais são silenciosas, sutis e não aparecem em radiografias e exames. Exigem competência e sensibilidade para que sejam diagnosticadas e examinadas como componentes importantes de sua saúde e equilíbrio.

A Medicina do futuro terá nas emoções o seu principal foco e incentivará a cultura e a ética para a formação de uma sociedade mais consciente e educada, principalmente a respeito de como viver de forma mais saudável construindo uma conduta pautada por emoções nobres e curativas.

Tais conquistas não só impulsionarão modelos comportamentais alinhados com o bem, como orientarão os povos a descobrir e a fazer contato com sua sombra inconsciente. Nela se encontram os tesouros da alma. Um deles, prioritário ao resgate da saúde, é o autoamor, essa força divina que está intacta, adormecida e à espera de que você se apodere dela para fazer luz na sua vida.

Doenças emocionais

São tão graves quanto orgânicas

Se não receber tratamento adequado hoje

Se tornará doença no corpo em futuro breve

Necessária uma avaliação séria e precisa

Descobrir os motivos da alma para que a dor emocional exista

Doenças emocionais são silenciosas e sutis

Exigem competência e sensibilidade para serem diagnosticadas

Emoções são componentes da saúde e equilíbrio

Precisam de consciência lúcida e educação para ser tratadas

As emoções perturbadoras podem ser transformadas em agentes curativos

Impulsionam comportamentos alinhados no bem

Possibilitam o contato sadio com a sombra inconsciente

Devidamente tratadas conduz ao recurso curativo do autoamor

5.4.
A síndrome do pânico é doença dos **controladores e perfeccionistas**

"E os discípulos, vendo-o andando sobre o mar, assustaram-se, dizendo: É um fantasma. E gritaram com medo. Jesus, porém, lhes falou logo, dizendo: Tende bom ânimo, sou eu, não temais.
E respondeu-lhe Pedro, e disse: Senhor, se és tu, manda-me ir ter contigo por cima das águas. E ele disse: Vem.
E Pedro, descendo do barco, andou sobre as águas para ir ter com Jesus. Mas, sentindo o vento forte, teve medo; e, começando a ir para o fundo, clamou, dizendo: Senhor, salva-me!
E logo Jesus, estendendo a mão, segurou-o, e disse-lhe: Homem de pouca fé, por que duvidaste?

Mateus, 14:26-31.

Existem alguns casos de síndrome do pânico (que fique claro: somente alguns casos) que guardam uma estreita relação com o perfeccionismo.

O perfeccionista não lida bem com cobranças externas e, por essa razão, transforma-se em um coletor de cobranças de si mesmo. Ele não aceita errar ou tem um descontrole que o machuca muito quando erra. Está sempre extrapolando a linha que demarca suas capacidades.

Isso desenvolve uma sobrecarga emocional que acontece toda vez que alguém está carregando algo que vai além de suas forças, que assume responsabilidades para as quais não tem competência, que tenta manipular relações e sente que está perdendo o controle, que se impõe ter de aceitar acontecimentos que recrimina e não gostaria de experimentar, que se vê obrigado a colher um fruto amargo de uma escolha malfeita. Em todos esses casos, a pessoa entra em pane mental, vê-se completamente apavorada, e o pavor é porta aberta para o pânico. Nessas situações, está claramente desobedecendo a suas fronteiras pessoais, tentando fazer algo que vai muito além de suas possibilidades.

O pânico é um estado interior doentio que alcança a mente quando estamos expostos ao medo crônico e paralisante de que aconteça algo novo ou de algo que já tenha acontecido e saiu do modelo de vida idealizado para se viver.

Quem idealiza demais a vida tem mais chances de ter pânico porque o que sai de seu controle espanca o seu mental, como uma explosão de graves proporções.

Nessa idealização, vive-se de forma perfeccionista, com a perseguição implacável do medo de ter de enfrentar situações e experimentar sentimentos que apavoram, porque são considerados erros que jamais a pessoa deveria ter permitido acontecer.

A síndrome é, nesses casos, um fator de educação emocional. A doença tira do perfeccionista o controle de tudo e, quanto mais ele lutar contra isso, mais vai sofrer.

Nesse quadro específico, a função da doença é moldar novos hábitos de aceitação, flexibilidade e leveza.

A orientação para esses doentes é assumir apenas o que consegue e rever seu conceito do que é bom ou ruim para ele, ensinando-o a não ser uma pessoa tão disponível nos relacionamentos nem assumir responsabilidades maiores do que as que suporta. Esse é o caminho da cura.

Alguns casos da síndrome do pânico

Tem relação com o perfeccionismo

A pessoa não lida bem com cobranças externas

É um coletor de cobranças de si mesmo

Não aceita errar e se descontrola quando isso acontece

Por isso desenvolve uma sobrecarga emocional

Vive além do que suas forças permitem

Assume responsabilidades para as quais não tem competência

Tenta controlar e manipular pessoas e situações

Obriga-se a aceitar o que não gosta e recrimina

Entra em pane mental

Sente medo crônico e paralisante

Está sendo convidado a sair do modelo de vida que idealizou

Aceitar que o erro faz parte do aprendizado

Entender que excesso de controle sobrecarrega e cansa

Admitir que possui limites

Fazer só aquilo que pode e dá conta

Rever os conceitos de bom e ruim

Não ser uma pessoa disponível demais

Aceitar-se e amar-se do jeito que é

5.5.
Coragem é enfrentar o obstáculo apesar do medo

"[...] O segundo efeito, quase tão geral quanto o primeiro, é a resignação nas vicissitudes da vida. O Espiritismo dá a ver as coisas de tão alto, que, perdendo a vida terrena três quartas partes da sua importância, o homem não se aflige tanto com as tribulações que a acompanham. Daí, mais coragem nas aflições, mais moderação nos desejos[...]"

O livro dos espíritos, Conclusão, item 7.

Sabe quando você sente aquela dor que aperta o coração e dá um tremor no corpo? Fica pensando em coisas ruins e sente um terrível pessimismo? O nome de tudo isso é medo.

E a superação dos seus medos só é possível quando você toma contato com eles e descobre a mensagem que cada um quer lhe transmitir.

Existe o medo natural e preservador da vida e existe o medo neurótico, que pode ser chamado de tóxico. O primeiro é necessário e indispensável; o segundo é o resultado da falta de habilidade em entender o que o receio diante de certas coisas quer ensiná-lo. Isso o torna um adversário emocional do seu equilíbrio e progresso. Existe ainda um medo chamado traumático, que é bem diferente dos anteriores e não se encaixa em nenhum dos objetivos do medo natural, nem do medo tóxico.

Vamos falar sobre o medo neurótico, composto por temores cujas funções educacionais são alertá-lo de que existem aspectos da sua vida interior reclamando atenção, para que você adquira estabilidade emocional. Em boa parte das vezes, o significado desses temores é sinalizar que você necessita enfrentar o que teme porque a experiência adquirida com isso é a porta para desenvolver um recurso natural de crescimento adormecido que pode libertá-lo de algum reflexo condicionado que o aprisiona.

Se você quer começar a ser mais proativo e enfrentar seus medos, levante a cabeça, pense na sua força e parta para a ação, principalmente quando sentir os prenúncios doentios e pessimistas da mente em desalinho que cria os fantasmas imaginários do sofrimento.

As trevas querem dominar o mundo por meio do medo. A tática é simples. Quem teme e não enfrenta fica paralisado na caminhada evolutiva, ampliando as repercussões desses sentimentos ruins.

Coragem é quando você encara o medo, vai e enfrenta.

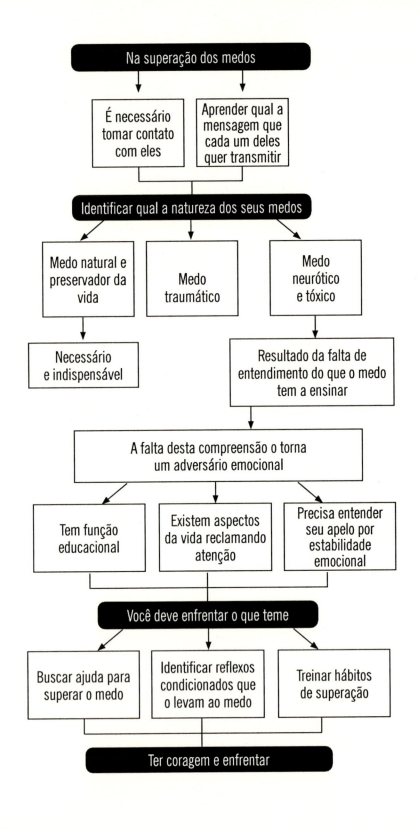

5.6.
Viver **o luto** das perdas

"[...] Resisti animosos ao abatimento, ao desespero, que vos
paralisam as forças. Quando Deus vos desferir um golpe,
não esqueçais nunca que, ao lado da mais rude prova, coloca
sempre uma consolação. Ponderai, sobretudo, que há bens
infinitamente mais preciosos do que os da Terra e essa ideia
vos ajudará a desprender-vos destes últimos. O pouco apreço
que se ligue a uma coisa faz que menos sensível seja a sua
perda. O homem que se aferra aos bens terrenos é como a
criança que somente vê o momento que passa. O que deles se
desprende é como o adulto que vê as coisas mais importantes,
por compreender estas proféticas palavras do Salvador:
"O meu reino não é deste mundo [...]"
Evangelho segundo o espiritismo, capítulo 16, item 14.

Toda perda material, afetiva, psicológica ou espiritual é um
"pedaço" de si que vai embora. Cada pedaço arrancado pede
apoio e acolhimento.

Negar a dor das perdas ou revoltar-se contra elas são extre-
mos emocionais que vão produzir dores maiores.

Quantas doenças no corpo físico e quantas dores o ser humano tem enfrentado por não ser corretamente orientado a
fazer o luto de suas perdas?

Toda perda merece cuidados especializados. Não existem
pessoas fortes ou fracas para elas. Existem as reações

humanas diante dos desapegos súbitos e inesperados, e essas reações pedem acompanhamento e tratamento.

Orações, confissões e outras iniciativas podem abrandar os sofrimentos, mas a cura e a superação são mais profundas. É mergulhar na vida interior e tomar consciência da tristeza e o que ela propõe a você, quando já não poderá mais usufruir da companhia de alguém, quando não terá mais o emprego estável, quando tiver de dar adeus a um ente amado, quando for traído na vida afetiva, quando, enfim, você passar por algumas dessas dolorosas experiências de perder algo ou alguém importante para você.

Fazer o luto das perdas é essencial à saúde mental e física.

Entenda o recado de sua tristeza. Só assim seu caminho pode se reerguer e encontrar novamente o desejo de viver e avançar independentemente do que se foi e não volta mais.

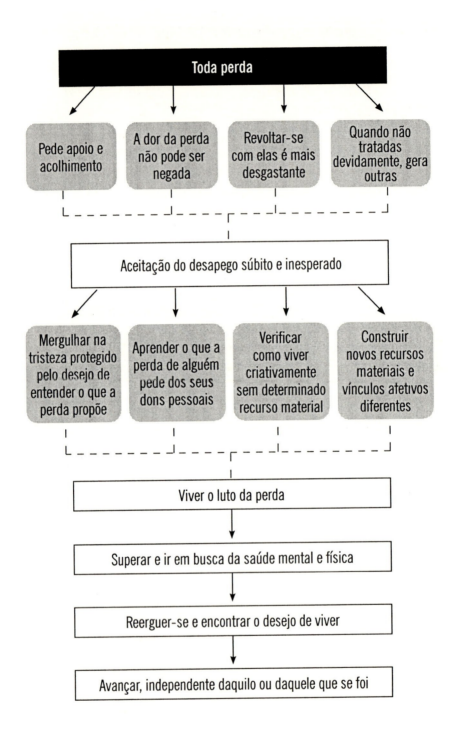

5.7.
A tristeza é **coisa boa**

A tristeza é mais um daqueles sentimentos considerados ruins e pesados pela maioria das pessoas, pois ela dói mesmo, mas, verdadeiramente não existem sentimentos ruins. São interpretados assim porque quase ninguém recebe uma educação para entender a finalidade sagrada de cada um deles e saber o que fazer quando eles tomam o coração.

É um sentimento que surge principalmente quando existem perdas. Perdas materiais, afetivas ou uma perda psicológica. Essa última é de vital importância nos processos do autoamor e preparo para uma relação de paz consigo, principalmente porque significa a desconstrução de uma convicção forte que você idealizou a respeito das pessoas e da vida.

Você enfrentará por muito tempo algum tipo de desconforto emocional em determinada situação que o desagrada e que vai lhe causar muitos problemas, mas, por incrível que pareça, no momento da vida em que você amadurece e percebe o que fazer para superar essa imperfeição com real entendimento, verá que se transformou em alguém melhor em relação a ela. Mesmo avançando e tomando consciência de sua melhoria e das boas conquistas que pôde fazer nesse progresso, isso o deixará triste, porque essa imperfeição o nutriu por longo tempo.

Vamos dar um exemplo: você tem um filho que ama muito e pelo qual tudo fez para que fosse uma pessoa de bem, mas, em certa altura da vida, descobre que ele rouba, trafica ou tem outra conduta grave que considera inaceitável e chocante. Tomar contato com essa realidade vai lhe causar profunda tristeza e decepção e, por sua vez, o levará a refletir na imagem que construiu de seu filho e que contraria todas as suas esperanças e expectativas em torno dele, causando muito sofrimento.

Neste caso, você tem duas opções: revoltar-se com ele e criar uma relação atormentada e controladora, acreditando que isso será capaz de transformá-lo, ou buscar entender que a decepção e a tristeza o levarão a rever seu papel na vida dele e o que esperar de sua conduta. Perceberá, assim, que seu filho é quem ele dá conta de ser e que seguirá com suas próprias escolhas, por mais que você deseje a opção dele por uma vida diferente. A partir disso, você construirá uma pessoa diferente dentro de si, mais realista e adequada às necessidades dessas funções, o que não quer dizer que não há tristeza nesse processo.

Parece um contrassenso, mas, para ser alguém melhor, a tristeza deve comparecer em seu campo emocional. Você pode estar perdendo aquela sua parte ruim, ilusória, mais sombria e que o faz sofrer tanto e gestar uma pessoa nova, melhor, mais consciente, e ainda assim se entristecer. Não lhe parece estranho?

Toda mudança na vida, mesmo recheada de coisas boas, traz um pouco de tristeza e ansiedade. Parece incoerente, mas não é. As pessoas acham que deveriam ficar felizes quando ocorrem mudanças para melhor, mas a vida emocional não tem essa dinâmica. Até quando trazem situações agradáveis, há uma tristeza e um medo embutidos porque, lá no fundo, está havendo perda. Perda de coisas que você priorizava ou colocava como muito importantes e que, nesse momento novo, não terão o mesmo valor ou valor nenhum. Mudanças implicam perdas e ganhos, e é nisso que reside o tanto de ansiedade e até de tristeza passageira nesse período de adaptação, visando a um futuro cheio de bons acontecimentos.

Nesse meio-tempo em que uma personalidade velha é substituída por outra melhor, existe um luto psicológico que diz: "adapte-se e aceite as mudanças que a nova personalidade lhe oferece". Daí surge um misto de sentimentos diante desse novo horizonte de si próprio.

É incrível! Até para melhorar há a natural presença da tristeza. Quando você aprende que o sentido dela é adaptá-lo às mudanças, parte para uma postura nova. Acredita mais no seu momento novo, coloca mais fé na nova pessoa na qual está se tornando, e assim segue sua vida, "enterrando" os velhos hábitos e fazendo o parto de novos comportamentos.

Se você usa a ansiedade para o bem nesse momento, ela não o joga no desespero.

Se você usa a tristeza para entender e aceitar o que perdeu, ela não o abate na depressão.

Viva a tristeza! Não há felicidade sem ela. Seu propósito é sagrado.

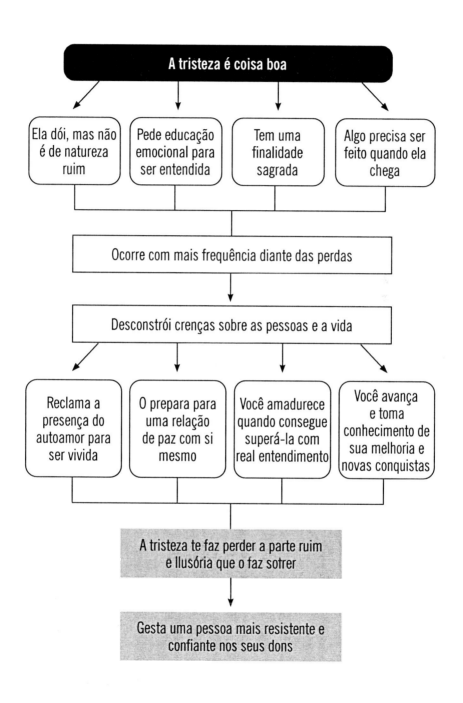

5.8.
Deus vai entrar nisso com tudo

"[...] Olhai para os lírios do campo, como eles crescem; não trabalham nem fiam; E eu vos digo que nem mesmo Salomão, em toda a sua glória, se vestiu como qualquer deles. Pois, se Deus assim veste a erva do campo, que hoje existe, e amanhã é lançada no forno, não vos vestirá muito mais a vós, homens de pouca fé? Não andeis, pois, inquietos, dizendo: Que comeremos, ou que beberemos, ou com que nos vestiremos? Porque todas estas coisas os gentios procuram. De certo vosso Pai celestial bem sabe que necessitais de todas estas coisas; Mas, buscai primeiro o reino de Deus, e a sua justiça, e todas estas coisas vos serão acrescentadas.".

Mateus, 6:28-33

Chega um momento na vida em que você examina as escolhas e decisões que tomou ao longo dos anos e tem uma nítida sensação de frustração e desânimo.

Você se arrepende de muita coisa e pede a Deus ou aos seus protetores de fé que ajeitem a bagunça que fez.

A única pessoa que vai poder arrumar isso é você. Deus e seus protetores vão iluminá-lo para achar os melhores caminhos e ter forças para percorrê-los. No entanto, o resultado de suas escolhas é inevitável.

Se você plantou, assuma a responsabilidade sobre sua lavoura no campo da vida. Quem não assume se atrapalha e trava toda a sua existência, aumentando ainda mais a carga de dores e problemas.

Levante a cabeça, perdoe-se por tanto descuido e invigilância, reconheça com humildade a necessidade de recomeçar e acredite que idade, condição social, tempo e as perdas decorrentes de suas decisões são fatores superáveis. Você nem imagina como isso acontece e com que frequência!

Comece a ajeitar sua vida e não desista, que Deus vai entrar nisso com tudo!

Faça a sua parte.

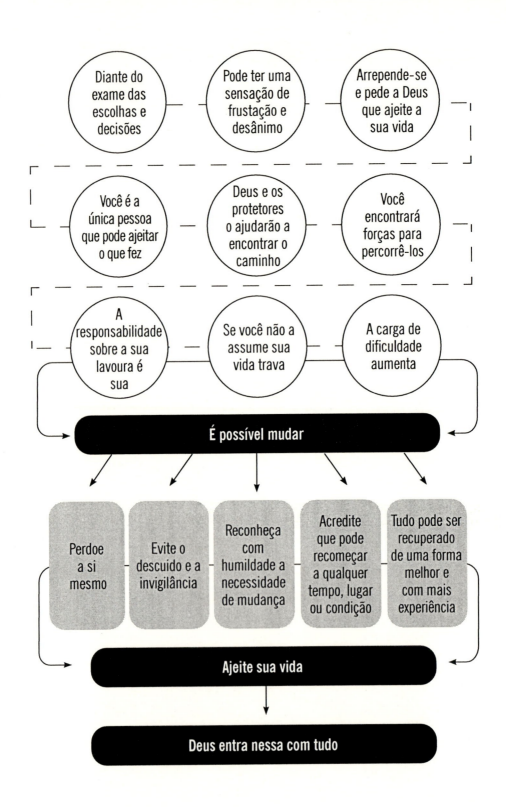

5.9.
Frustração e Fracasso

Você comete uma falha no serviço, esquece uma chave, vai mal numa entrevista de emprego, não passa em uma matéria que estava em recuperação e perde o ano, distrata alguém que é importante para você, perde o celular pela terceira vez em pouco tempo, faz planos que não consegue realizar e outros tantos insucessos por aí. De repente, vê-se tomado por um forte sentimento de frustração.

O propósito deste sentimento é dizer-lhe: preste mais atenção, dedique-se mais para alcançar melhores resultados, tente novamente, tenha mais cuidado com suas palavras e condutas. No entanto, por uma questão de falta de educação emocional, a maioria das pessoas pula da frustração para a sensação de fracasso com muita facilidade, abrigando o derrotismo em seu coração.

Errar não quer dizer que você é um fracassado; quer dizer que precisa melhorar naquele assunto, naquela conduta ou naquele contexto. Mesmo que tenha de melhorar em muitos aspectos, isto não depõe contra você; ao contrário, indica-lhe um grandioso caminho de aprendizado que, mais cedo ou mais tarde, se realizará.

Nesta hora, quem se compara com o que os outros já conquistaram se cobra ainda mais e acentua a impressão de insucesso, que vai impedi-lo de descobrir que você é um ser singular e tem seu valor pessoal. Você se distancia do autoamor compulsivamente, estabelecendo disputas internas que incendeiam a inveja negativa e estabelecem certezas pessoais fora da sua realidade.

Assim, para aprisioná-lo ainda mais na sensação de fracasso, surge o sentimento de culpa que é um dos moradores mais desconhecidos da sombra mental, porque raros são os que conhecem sua origem e função.

A culpa abre as portas emocionais para a doença da baixa autoestima, que o leva a se desvalorizar e fazer comparações, diminuindo suas capacidades e esforços. Você entra em um estado de autoagressão e conflito que tira sua energia para reagir e reverter a situação, e o atola na angústia.

Errou? Esqueceu? Perdeu? Não foi bem? A frustração pode ajudá-lo bastante desde que a escute como um alerta e continue mantendo intacta a sua crença no que pode fazer e em como refazer aquilo que for preciso. Frustração não é fracasso, e este só acontece quando desistimos de acreditar em nós mesmos, quando não queremos tentar novamente e refazer nosso caminho, quando escolhemos a pior parte de nós e esquecemos nossos valores, conquistas e vitórias.

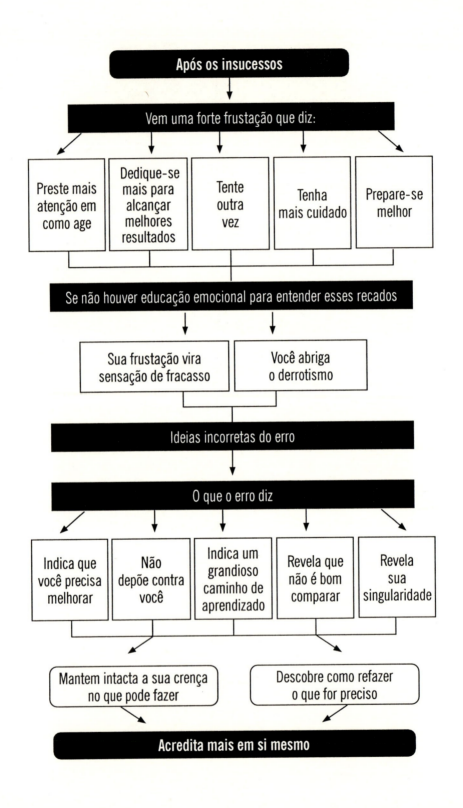

5.10.
A **ansiedade** é um correio na **vida mental**

"Na incerteza em que se vê, quanto às eventualidades do seu triunfo nas provas que vai suportar na vida, tem o Espírito uma causa de ansiedade antes da sua encarnação?
De ansiedade bem grande, pois que as provas da sua existência o retardarão ou farão avançar, conforme as suporte."

O livro dos espíritos, questão 341.

A ansiedade é um quadro emocional que acontece diante de eventos para os quais você não se encontra pronto. Ela traz a mensagem: "Prepare-se para isso!", enviada pela sua mente, informando-lhe de que necessita organizar-se para enfrentar o que causa esse quadro.

A base desse estado mental é o medo de enfrentar o que o pressiona ou exige sua atuação e desenvoltura, e a ansiedade é sintoma dele.

O medo é extremamente benéfico porque quem sente medo não é incompetente, como muitos pensam. Essa atribuição tem um significado totalmente desprovido de bom senso.

Pelo contrário, quem faz de conta que está preparado e passa a imagem de que dá conta de tudo é que corre o risco de estar despreparado para enfrentar com sucesso várias experiências da vida.

Esses sentimentos são alertas que irão prepará-lo para o que está por vir. Irão empurrá-lo para tomar as iniciativas necessárias ao enfrentamento daquele desafio que o aguarda.

Muita gente diz: "Queria não sentir medo, queria ser uma pessoa corajosa.". Isso não existe. Coragem é o medo que move para frente. Os corajosos sentem muito medo, mas o enfrentam, eis a diferença.

Ansiedade, portanto, só se torna um problema quando você adia demais tomar uma atitude a respeito daquilo que lhe causa essa pressão. Se você enfrentar pode até ser que a ansiedade não passe, mas você estará na direção de resolvê-la a qualquer momento.

Nos meios espiritualistas, o radicalismo de muitos chega ao ponto de considerar a ansiedade como se fosse a ação de um obsessor. Pode até acontecer de uma entidade espiritual aumentar a ansiedade de uma pessoa. Muitas são hábeis para realizar essa manipulação.

Exceto em alguns casos de obsessões complexas com uso de aparelhagem, os obsessores não têm capacidade de criar a ansiedade. Ela é um quadro da sua mente, faz parte da sua vida. Os espíritos apenas exploram algo que já existe em você.

Alguns religiosos buscam a explicação exclusiva para os quadros de alterações emocionais em obsessões e vidas passadas, mas é uma falta de bom senso e questão de desconhecimento do mundo emocional do ser humano.

Na atualidade, sabemos que a ansiedade pode prepará-lo para situações críticas nas quais você será testado e motivado a fazer o seu melhor.

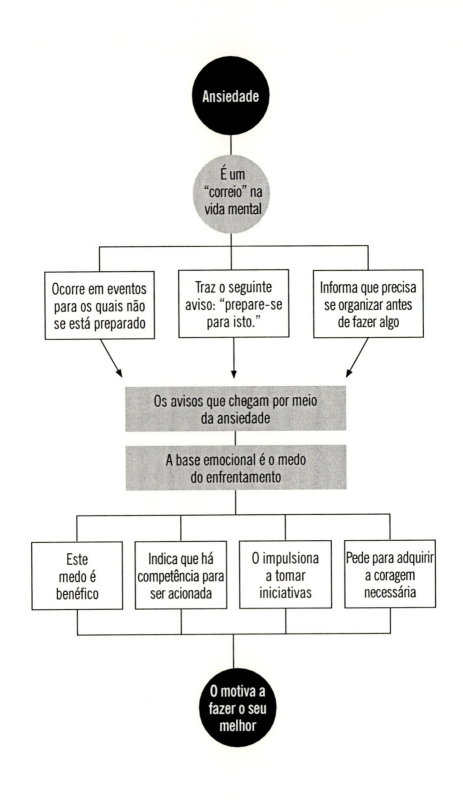

5.11.
A **depressão** e os comportamentos de **sufocamento**

"De maneira que nenhum dom vos falta, esperando
a manifestação de nosso Senhor Jesus Cristo [...],
mas cada um tem de Deus o seu próprio dom,
um de uma maneira e outro de outra."

I Coríntios, 1:7 e 7:7.

Vários quadros de depressão e ansiedade nascem por conta de comportamentos de sufocamento.

Aquela pessoa que não conquista sua autonomia, sua voz ativa, sua independência e não exerce seus talentos e habilidades fica sufocada e pode adoecer.

Grupos sociais castradores, famílias apegadas e dominadoras costumam produzir intensa sensação de sufocamento emocional, preparando trilhas para formar depressivos e ansiosos por causa das influências tóxicas do controle e da repressão.

Se você está vivendo uma crise passageira de depressão e ansiedade ou enfrentando quadros mais crônicos dessas doenças e não consegue se impor a esses grupos com sua autenticidade, força e independência, procure caminhos para aprender como abrir essas portas em sua vida.

Fomos criados para exercer um papel, uma missão perante a vida. Não existe ninguém desprovido desse propósito divino. Pelo simples fato de sermos filhos de Deus, temos muito valor e somos únicos, independentemente de como estejamos neste momento.

Descubra sua missão e entre em contato com sua força pessoal, desenvolva o amor para com seus talentos e maneiras de ser, faça as pazes com suas imperfeições e saiba transformá-las em fonte de energia e saúde, pois estes são alguns dos sentidos existenciais da vida.

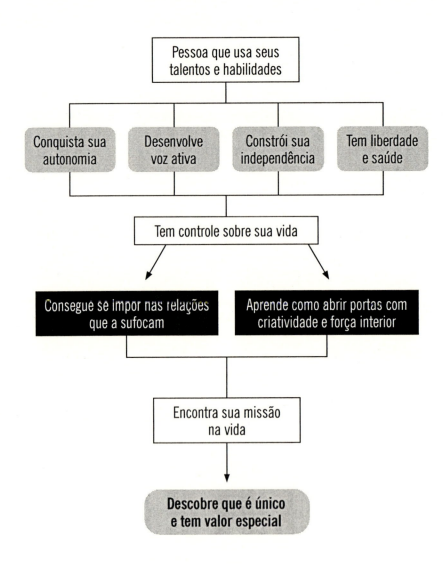

MENSAGENS PARA TRABALHO EM GRUPO

6. MATURIDADE EMOCIONAL,

a coroa no reinado

DE QUEM SE AMA

6.1.
Pessoas mais prováveis de experimentar a **felicidade**

As pessoas que desenvolvem a maturidade emocional são as mais prováveis de experimentar a felicidade verdadeira. Vamos relacionar alguns traços de amadurecimento emocional:

- Assumir os próprios erros sem responsabilizar os outros.

- Lidar bem com discordâncias sobre suas ideias.

- Procurar sempre o melhor em todos e em tudo.

- Compartilhar com alegria e bem-estar o sucesso alheio.

- Dizer não sem sentir a obrigação de explicar a razão.

- Apaixonar-se pela atitude de servir.

- Sentir-se um colaborador em seus grupos e não a pessoa mais importante.

- Administrar com sabedoria os limites impostos pelos relacionamentos.

- Lidar bem com a culpa de saber que as pessoas amadas terão de resolver seus problemas pessoais por elas mesmas.

Como fica claro nesses itens, a felicidade, antes de tudo, é algo que começa em você, no seu aprimoramento interno, e não apenas em condições sociais ou relacionais.

A maturidade emocional é o trabalho de construir uma relação de amor com você mesmo, ciente de que esse cuidado pessoal é a maior segurança que se pode obter na convivência para a preservação da própria paz e o surgimento dos estados de plenitude.

Sugestão:

Verifique quais itens precisa desenvolver mais para construir sua maturidade emocional. Liste outros que são importantes para você.

6.2.
Sem **paciência** e com **baixa tolerância?**

Não estar com muita paciência e ter certa intolerância podem ser excelentes estados de espírito!

Eles são indícios de que você tem dado mais importância a algo que não é seu, que não o auxilia a manter seu centro de equilíbrio, e de que algo o tem distraído do seu foco de vida.

Não se apavore, essas distrações acontecem com todos. O objetivo é trazê-lo de volta a si mesmo, fazer contato com o que, de fato, lhe pertence e com aquilo que precisa tomar consciência.

Aceite este estado emocional e olhe para ele como um sinal para regular sua mente naquilo que interessa e é essencial à sua existência.

Sugestão

Identifique em quais experiências tem sido impaciente e busque ações para transformar estes momentos em oportunidades de crescimento.

6.3.
De onde vem o **poder da prosperidade pessoal**

Há pessoas que querem fazer trabalho espiritual para desfazer o que está amarrando suas vidas.

O que elas não levam em consideração é que nada pode amarrar tanto suas vidas e lhes fazer tanto mal quanto a falta de amor a si mesmo, pois ninguém pode fazer tão mal a si quanto ele próprio.

Ter confiança em você, acreditar no seu valor pessoal, ser bom para si mesmo, abstendo-se de cobranças exageradas e rigidez na autoanálise, colocar-se como a pessoa mais importante da sua vida e desenvolver seu brilho e competência pessoal são as armas mais poderosas de proteção, sucesso e bem-estar que existem na caminhada evolutiva dentro da obra divina.

Macumba existe, obsessor abate, carma acontece, perdas sempre vão existir, decepções fazem parte da vida. No entanto, pobre de quem ficar valorizando essas coisas em vez de se apaixonar por si próprio e ter a ousadia de construir uma aliança eterna de autoamor.

Para crescer, você deve se assumir e responder por tudo que acontece em sua vida, sem transferir responsabilidade a contextos e acontecimentos.

Quem se assume passa a usufruir de um poder imunizador, a emitir uma energia de prosperidade que vai atrair o bem e tudo aquilo que existir de melhor em torno dos seus passos.

Sugestão

Verifique os primeiros passos que você pode dar para ampliar sua prosperidade.

6.4.
Curando a dor da amargura

Há quem se queixe de sucessivos relacionamentos frustrados e difíceis ou de que não consegue manter uma convivência saudável, sem perceber que está doente de amargura.

O sentimento de amargura tem várias causas e uma delas é a carência.

À medida que deixa de preencher suas necessidades de afeto, a pessoa amarga vai afastando os outros, porque cria um sistema de defesa muito rigoroso, quase sempre baseado em experiências traumáticas ou infelizes de relacionamentos anteriores.

A amargura tem uma energia irritante, desmotivadora, e pode ser vista estampada na face e no tom de voz. É uma fenda emocional por onde vaza muita energia, causando perdas consideráveis de proteção astral.

Um coração amargurado está sob custódia do ego, que é uma articulação do egoísmo. É alguém que não soube dizer adeus ao passado e se mantém prisioneiro por decisão própria, em um estado de profunda mágoa com alguém ou ele mesmo.

A saída desse estado de dor depende de humildade e de reconhecer que precisa ser ajudado. Somente por meio de uma revisão de crenças sobre a vida, sobre conceitos éticos e morais, essa pessoa conseguirá novo estado de ânimo para seguir o fluxo da vida e aceitar de coração que a vida segue, e que ela terá de aprender a desapegar de seus planos malsucedidos e de suas metas não alcançadas, refazendo seu caminho sem revolta, com a confiança em novos e mais promissores dias.

Sugestão

Construa um plano de ação para superar sua amargura e selecione pequenas atitudes que pode colocar em prática agora.

6.5.
Efeitos **emocionais**
da amargura

Quando alguém não se importa ou não se alegra com as conquistas dos outros, pode ser que esteja sofrendo de amargura, sentimento que azeda a vida.

Os principais efeitos desse sentimento são a inveja, o azedume e a frustração.

Na inveja, a pessoa amargurada destila seu veneno buscando diminuir os outros.

No azedume, ela apresenta o comportamento da insatisfação crônica com a vida, espalhando a descrença em tudo.

E, na frustração, ela relembra a dor das suas aspirações não atingidas, que foram sufocadas e que ela não soube reconstruir, causando profundo estado de desgosto.

A amargura é uma mágoa com você mesmo.

Pessoas amargas consigo e com a vida não acreditam na felicidade, nem na sua, nem na dos outros.

Se você sofre desse mal, esteja convicto de que vai precisar de orientação adequada e ajuda para saber a raiz de sua dor e como construir os caminhos para se libertar dessa prisão. E, se você tem alguma pessoa amargurada em sua vida, saiba reconhecer que ela está muito doente e precisando de apoio.

Sugestão

Tome contato com uma situação que lhe desperta inveja e frustação e veja o que pode fazer a partir de agora para transformá-la em estímulo a novas conquistas.

6.6
A **experiência emocional**
do fim da idealização

Quando você sente um medo persistente de perder alguém com quem tenha laços afetivos e isso lhe causa muito sofrimento, pode estar passando pela experiência emocional do fim da idealização. Esse medo de perder é um sintoma de que sua imagem mental construída a respeito dessa pessoa está se desfazendo.

O que provoca esse episódio na vida interior são acontecimentos inesperados que revelam quem é verdadeiramente essa pessoa. O objetivo da extinção da idealização é reciclar o conceito de amor que os une. Quase sempre esse amor está encharcado de ilusão, corroído pela manipulação, intoxicado pelo desrespeito e completamente perturbado pela necessidade de controlar.

Esteja certo de que essa reciclagem valerá a pena para quem tem a coragem de viver a morte de suas ilusões, para atingir melhores vivências com as pessoas de seus círculos afetivos.

Quem amadurece emocionalmente não vive de idealizações e procura sempre ajustá-las à realidade, usando de prudência, paciência e persistente decisão de entender quem são as pessoas de seus círculos de convivência.

Sugestão

Pense em pessoas que você gostaria de conhecer mais profundamente e como abrir mais espaço para que elas se manifestem como realmente são.

6.7.
Quando você **julga** os outros

Mesmo que você veja imperfeições em alguém, emita sempre uma palavra do bem e cultive um pensamento de amor em relação a essa pessoa, para não se atirar na areia movediça do julgamento. Quem ganha é você.

Quem se atira no poço com o pretexto de acusar, pode terminar afogado nas mesmas atitudes que condena no outro.

Aliás, essa é uma programação mental das mais certeiras: aquela atitude que você cobra ou acusa no outro, acrescida de forte carga emotiva e de repetição verbal, é a que tende a incorporar da mesma maneira em sua vida.

Sugestão

Pense em alguém cujas atitudes você considera inadequadas. Feche os olhos e emita um pensamento de amor, construindo uma circunstância mais feliz. Perceba o que sente logo depois.

6.8.
Quando os outros **julgam** você

Deixe que as pessoas pensem o pior sobre sua vida e façam o julgamento que quiser a seu respeito. Você não pode ter controle sobre isso. Isso faz parte da vida e do seu crescimento psíquico e emocional.

Se está sendo honesto, construindo uma história de vida que é só sua, não está copiando ou usufruindo de nada que pertença a quem o deprecia, siga sua trilha, viva sua história e avance. Ame o seu caminho único, transforme seu mapa pessoal de vida em alegria, satisfação e glória.

Não permita que a palavra, a atitude e a maneira de ser dos outros o tirem do seu eixo. Se isso acontecer, volte logo para ele, para seus valores, para suas conquistas.

Ignore com todas as suas forças aquelas energias que procuram desarmonizá-lo e desviá-lo do seu ponto de equilíbrio. Aceite os outros como são e mantenha foco em suas metas, seus ideais e seu valor pessoal.

Sugestão

Verifique quais experiências de sua vida precisam ser resguardadas das críticas alheias e o que pode ainda ser feito para proteger aquilo que já conquistou.

6.9.
Autorresponsabilidade
emocional

Sem sombra de dúvida, você começa a amadurecer quando deixa de querer encontrar a origem dos seus sentimentos, atitudes e pensamentos fora de si mesmo. Eles lhe pertencem e partem de você. Assumir a autoria do que é seu, é um dos sintomas mais evidentes da maturidade. E o amadurecimento é a porta que se abre para a felicidade na alma.

Existem pessoas que não são amadas desde o berço e nem por isso permitem que os outros definam seu verdadeiro valor. Se você não se assumir como a única pessoa capaz de definir o seu valor, farão de você "gato e sapato". A maior ilusão sobre ser ou não ser amado é acreditar que isso é medida do seu valor pessoal.

Sugestão

Relacione todas as conquistas que você realizou a partir de sua capacidade pessoal e aquelas que só dependem de você para se tornar realidade.

6.10.
Saindo da **zona de conforto**

A zona de conforto é uma condição interior na qual você se acomoda para se sentir seguro e no controle. Sair dela significa largar o imponente castelo de poder, abandonar aquela ilusão de que, vivendo da forma como vive, você tem o modelo mais eficaz e perfeito para realizar e adquirir as melhores conquistas e expressar o melhor de si nos relacionamentos e nas várias experiências da vida.

Quando você sai do seu falso castelinho, vai experimentar sofrimentos nas gestações de novas emoções e referências. Sentirá que sua vida sai da acomodação para a inquietude produtiva, extingue-se a sensação de segurança, e com ela muitos medos imaginários também desaparecem. Você não terá mais o comando das coisas; no entanto, não vai padecer as angústias da culpa ou da decepção que o dilaceram.

Sair da zona de conforto, na verdade, só apresenta vantagens. Aumentam as chances de mais prazer, de mais realizações e de caminhos inesperados, ricos de oportunidades, que o tornarão mais feliz e consciente de quem realmente é e do que é verdadeiramente capaz.

Sugestão

Procure por vivências boas em sua vida e que podem melhorá-la ainda mais. Verifique o que pode fazer para ampliar essas experiências.

6.11.
O **romantismo** adulto

Romantismo nos relacionamentos é uma atitude emocional imatura de se esperar demais dos outros. É um traço muito presente em pessoas sensíveis e propensas ao amor, porém ainda sob jugo de seu próprio ego, que adora idealizar como as pessoas deveriam ser.

Esse romantismo, quando amadurecido, é escudo de proteção que impede a presença da mágoa, principalmente se as expectativas não forem realizadas.

Pessoas que desenvolvem o romantismo adulto e maduro são afetuosas sem ser ingênuas com as relações humanas.

O mundo está muito carente do romantismo adulto.

Sugestão

Pense nas pessoas que o decepcionaram e identifique quais foram suas expectativas exageradas com relação a elas que lhe causaram ressentimentos.

6.12.
Ciclos de Deus

Ciclos são etapas sem as quais ninguém avança. Graças aos ciclos da vida existe evolução, e você estará sempre em processo de crescimento.

Muitas pessoas tentam parar os ciclos, impedir a continuidade das experiências e travar as mudanças do caminho por apego, acomodação, ilusão, medo de perder e tantas outras sombras.

Se sua vida saiu do habitual, daquilo que lhe oferecia segurança, se quem você ama se distanciou para viver os planos de vida destinados a ele, se novos negócios o chamam para a prosperidade, enfim, se sua vida está bagunçada pelos ciclos e não pelas suas más escolhas, agradeça.

Sim, agradeça, porque você está no ritmo de Deus, o ritmo da mudança, do seu destino rumo ao progresso.

Alivie sua mente pensando que, diante das aparentes incertezas e insucessos, coisas maravilhosas vão acontecer se você aceitar o fluxo dos ciclos da vida. Faça bom proveito!

Aceite, acolha, agradeça e seja feliz.

> **Sugestão**
>
> Pense em quais situações da vida você não aceitaria mudanças de jeito nenhum e imagine o que terá de fazer se elas acontecerem.

6.13.
Destino é uma sequência de ciclos

Nada mais verdadeiro. Quando ciclos são encerrados dentro de você, logo se iniciam outros. Você muda seu padrão e a vida muda a resposta.

Essa roda-viva da vida traz sempre agradáveis surpresas, cujo propósito essencial é cumprir o destino.

Destino pode ser considerado "aquilo que vem depois", quando você já está pronto para esse "depois", e se prepara para o que vem a seguir.

Alguns gostariam de chamar esse destino de sorte, mas não é nada disso. Sorte é uma palavra de conceito restrito para esse tema. Destino é a vida colocando você onde não esperava, nem imaginava. Destino é a oportunidade que a vida lhe dá para usar tudo aquilo que foi fruto de sua preparação.

É só mudar seu padrão interno e lá vem ela, a vida, fagueira e até meio assustadora, convidando a aprender algo novo por caminhos inesperados, agradavelmente imprevisíveis, desenhando o seu destino pessoal.

Sugestão

Imagine uma mudança radicalmente maravilhosa que você deseja e verifique se já fez algo para que isso aconteça.

6.14.
Os **dois** mecanismos básicos do **autoamor**

É por pura falta de alinhamento íntimo a respeito de suas emoções que as pessoas perdem contato com seu eixo de sustentação: a vontade e a força para realizar seus desejos. Assim, perdidos em si mesmos, a maioria também se perde nos seus relacionamentos. Eis a origem dos conflitos e de todo gênero de sentimentos desconfortáveis que nutrem uma relação.

Sem identificar seus desejos, você não saberá responder à pergunta mais essencial da vida: o que eu quero?

Sem empregar a sua vontade, você não mudará o necessário para alcançar seus desejos.

A identificação com eles e a utilização de sua vontade são dois dos principais mecanismos de cuidado pessoal de autoamor.

Sugestão

Escolha um desejo grande e forte e estabeleça ações para alcançá-lo a partir de agora.

6.15.
Dores emocionais

Dores emocionais acontecem no seu coração para mostrar que algo está em desequilíbrio no seu mundo íntimo, que está afastado ou se afastando do seu eixo de sustentação, que se desconectou do que é o melhor para você.

Na verdade, esse sofrimento é um chamado para que você pare de tentar mudar a vida por fora e ouça as mensagens e intuições da sua vida interior.

Escute seus sentimentos. Neles existem muitas soluções para aquilo que está tornando sua vida um martírio.

Sugestão

Feche os olhos, ouça sua alma e identifique um apelo que ela está fazendo a você neste momento. Registre-o mentalmente e trace uma meta para realizá-lo.

6.16
Os **desconhecidos**
caminhos do **amor**

O amor sempre vem acompanhado de obstáculos a transpor. Nenhum amor dessa vida é capaz, por si só, de criar um relacionamento sem ciclos e desafios a serem vencidos.

Quando olham tais desafios, muitos desistem e preferem aderir ao modelo de experiência consagrado como critério, que estabelece: "Isso vai dar certo".

Outros, mais maduros e corajosos, decidem superar o necessário e apostam no ato de amar, não dando valor aos padrões limitadores que indicam: "Isso vai dar errado".

O amor verdadeiro é algo inconciliável com excesso de regras de bom senso ou com uma cartilha de bons modos. Amor é a eterna e mais intensa experiência humana. Foi muito inteligente da parte de Deus não o submeter a adornos sociais, regras e escalas do que pode ou não ser possível na arte de amar.

Mas não podemos nos esquecer de que só pode usufruir da conquista de mantê-lo protegido das ilusões ou de conhecer os seus caminhos ocultos quem nunca desistiu de entender a si mesmo, quem se limpou das mágoas, quem se aquietou para ouvir a vida falar sobre a estrada secreta, aquela na qual a sua trilha individual vai levá-lo aos braços do verdadeiro amor.

Foque no amor, busque amar incondicionalmente, seja um exemplo na busca pelo amor legítimo, faça por merecer e a vida responde.

Viemos nesta Terra apenas para isso, aprender a amar.

Sugestão

Tente relacionar seus pontos de partida emocional para amar verdadeiramente alguém, não só uma pessoa, mas todas. Verifique as bases já desenvolvidas para atingir esse objetivo.

6.17.
Cobrança não leva ninguém a lugar nenhum

Sabe aquela pessoa que por muito pouco se magoa com sua atitude ou o despreza na amizade? Que o ignora diante do seu sucesso? Que demonstra necessidade de diminuí-lo? Essas pessoas não gostam nem delas próprias. E você ainda fica esperando que elas gostem de você ou lhe deem atenção?

Desiluda-se! Siga seu caminho e deixe aos outros o limite que lhes pertence.

Evite exigências e cobranças para quem não tem o que oferecer. Aceite este fato como a realidade de muitas pessoas e sua vida ficará mais leve.

A cobrança da atitude alheia é uma demonstração de falta de confiança em suas próprias capacidades de realização, um sintoma de imaturidade emocional. É quando deposita no outro um poder que lhe pertence.

Sugestão

Pense nos retornos afetivos que espera de algumas pessoas e não tem recebido. Identifique em você recursos para fornecer a si mesmo essa retroalimentação.

6.18.
Intenção é uma **atitude** que vem de dentro **da alma**

Quando você sabe o que quer, a energia da sua intenção busca no Universo tudo aquilo que possa auxiliá-lo a atrair desejos nobres e libertadores.

Porém, para que saiba responder o que quer, primeiramente terá de executar o trabalho paciente e minucioso de descobrir o que não quer mais para sua vida, e depois tomar as atitudes necessárias para fazer isso acontecer.

Quem sabe o que quer e para onde ir, favorece a realização dos projetos de melhoria e progresso em sua existência. As leis universais conspiram a favor e iluminam seu querer na direção de seu esquema particular para Deus e para a felicidade.

Quem sabe o que quer está alinhado com a força mais poderosa da alma, o núcleo de sustentação de todas as emoções: a intenção.

Intenção é como estender uma mão que vem de dentro da alma em direção a Deus e dizer: "Leve-me para onde mereço e desejo.".

> **Sugestão**
>
> Com as intenções mais nobres do seu sentir, descubra o que não quer mais para sua vida, o que não lhe acrescenta mais nada, e estabeleça aonde você quer chegar.

6.19
Pergunta essencial
para quando você **sentir inveja**

Quando você sente inveja do sucesso e das conquistas de alguma pessoa, faça a seguinte pergunta: "O que tem de bom naquela pessoa que eu também possuo? O que posso fazer de tão bom quanto fez aquela pessoa?".

A função da inveja é dizer-lhe que você também pode ter e fazer aquilo que o outro tem e faz, igual ou até melhor.

Isso dá um sossego tão grande na alma que você fica livre para vibrar com os êxitos dos outros. E, o que é ainda melhor, fica livre para expressar sua própria potencialidade que está chamando sua atenção por meio dos atos e do jeito de ser do seu semelhante.

Sugestão

Reconheça agora uma característica de outra pessoa que lhe chama a atenção e lhe causa desconforto. Identifique em você uma qualidade próxima a do outro ou que o conduza às conquistas dessa pessoa e potencialize-a com o seu querer mais intenso.

6.20.
O **pensamento** mágico

Pensamento mágico é a construção mental de uma relação incoerente e imatura que desconsidera os acontecimentos e suas respectivas causas reais.

Uma das formas mais comuns de pensamento mágico é atribuir causas espirituais a fatos da existência. Um exemplo disso é o demônio e o obsessor como explicação para a maioria das dificuldades que ocorrem na vida de uma pessoa.

Pessoas com esse comportamento apresentam um dilatado grau de imaturidade emotiva e dificuldade para assumir a responsabilidade sobre seus sentimentos e atos. Atribuem tudo às forças externas.

Você constrói sua paz verdadeira somente quando reconhece, aprecia e prioriza aquilo que nasce de você, avaliando seus sentimentos, pensamentos e atos como causas principais e essenciais de tudo aquilo que o rodeia.

Sugestão

Pense nas causas de seu sofrimento relacionadas a atitudes de outras pessoas. Tire este poder delas e transfira para dentro de você. Trabalhe nessas causas para mudá-las.

6.21.
O tesouro da **experiência**

Essa é a grande vantagem que acontece quando você resiste, aprende e supera os dissabores da vida: você percebe que só tem a si próprio e precisa reunir o seu melhor para virar o jogo e vencer.

Ainda que tenha muito apoio, terá de contar muito mais com seus próprios recursos do que com os dos outros.

Depois, passadas as provas, os testemunhos dolorosos, as pressões e as exigências, perceberá que sobrou apenas o seu melhor e a sua melhora.

Que riqueza maior alguém pode querer na vida que tomar posse desse lado poderoso, fruto de muitas etapas vencidas?

O nome disso? Experiência.

Sugestão

Eleja um grande objetivo que deseja alcançar, veja se tem apoio de outras pessoas, estabeleça os critérios que só dependem de você e coloque o projeto em ação com pequenas e contínuas atitudes.

6.22.
O seu **juízo sobre alguém** será sempre incompleto

Por mais que ache alguém arrogante, sempre haverá quem dependa dessa pessoa para viver.

Por mais que a ache intragável, sempre haverá alguém que fará de tudo por essa pessoa.

Por mais que a desconsidere em seus sentimentos, sempre haverá alguém que a ame e a queira bem.

O fato de você não gostar de alguém não o torna aquilo que você pensa sobre ela. E mesmo que esteja correto a respeito do juízo que faz dessa pessoa, não significa que ela seja somente aquilo que você pensa dela.

Sugestão

Pense em alguém de quem você não gosta de jeito nenhum. Transfira mentalmente para essa pessoa as qualidades de alguém que você ama muito. Sinta que essas virtudes a envolvem; entregue-a nas mãos de Deus e siga adiante.

6.23.
A importância do desespero

Desespero é o estado de desânimo, de sofrimento ao qual alguém se encontra sujeito devido a um excesso de dificuldades e de aflições. Não é um estado perene na natureza humana.

Já o desencanto, derivado da má administração do desespero, ocasiona a morte da arte de sonhar, de querer, de desejar. A arte de ter planos para recomeçar e alcançar novas experiências.

Desespero não é uma boa reação, mas pode ser um bom sinal. Mostra que seus planos foram afetados de alguma forma e que não se contenta com o acontecido. Se bem direcionado, indica que você está vivo, que ama e quer lutar por algo.

O desespero passa; porém, a permanência do desencanto precisa de tratamento.

Sugestão

Pense em algo que lhe causou muitos estragos e sofrimentos. Aceite seu desespero e respire fundo por algumas vezes. Sinta-o chegar e não lute contra ele, deixe-o passar através de você e ir embora. Ordene que ele flua para fora de você. Mais calmo, preencha o lugar dele com determinação e estabeleça caminhos novos para retomar seu objetivo.

TÉCNICAS PARA ENRIQUECER AS ABORDAGENS TEÓRICAS

7. Acessando estados de AUTOAMOR por meio de EXERCÍCIOS TERAPÊUTICOS

7.1.
Exercício para
iluminar seu dia

Quer mudar o rumo do seu estado mental e das suas emoções? Que tal praticar exercícios diários de mentalizações terapêuticas?

Por várias vezes no seu dia, a mente é assaltada por pensamentos de medo, tristeza e culpa, gerando os estados emocionais de insegurança e pessimismo. Isso acaba virando um procedimento-padrão, um modo de viver.

Comece a fazer um exercício, por escrito de preferência, para usar pensamentos mais otimistas. O simples fato de pronunciar mentalmente uma frase otimista aciona vários programas mentais que irão direcioná-lo a um foco mais saudável.

Duas dicas para criar uma mentalização positiva:

• Evite usar o "não" na formulação da frase.

• Use sempre verbos no presente.

Simples, não é? Essas dicas já são suficientes. Mesmo que você não desperte de acordo com o que deseja, com o passar do dia e com a repetição das frases, sua programação mental vai sendo alterada para que sinta o que determinou.

Escreva e repita várias vezes no seu dia frases desse tipo:

- "Meu dia é maravilhoso, rico de boas energias e experiências saudáveis."

- "Acordei em estado de graça e com muita vontade de viver."

- "Agradeço por abrir os olhos e poder começar um novo dia com alegria no coração."

7.2.
Mudando o **padrão mental**
diante da maledicência

Sabe aquela pessoa que chega para você e diz assim: "É! O fulano não está nada bem! Cada vez mais ele segue por um caminho tortuoso!"."

Não dê ouvidos a essa colocação. Quem tem tanta convicção a respeito dos outros, raramente está fazendo isso por um motivo nobre.

Quase sempre essa frase desfavorável sai de bocas que querem rebaixar quem eles dizem que não está nada bem, e pode ser dita por alguém que também não gosta da pessoa que tenta rebaixar. Essa atitude é típica de maledicentes e imaturos.

Mantenha sua faixa mental sintonizada no bem e responda assim:

"Se ele está tão mal quanto você diz, eu quero ser o primeiro a estender a mão e meu coração para ele. O que acha que nós podemos fazer?"

"Pessoas justas e de bom coração, quando veem alguém adotando comportamentos tortuosos tem sempre uma palavra do bem e uma mão estendida. Vamos lá ajudá-lo?"

"Se ele estiver realmente passando por momentos difíceis e infelizes, eu acredito no poder de suas qualidades. Ele vai aprender com essa situação e sair-se melhor lá na frente."

7.3.
Mentalização criativa de qualidades para o seu próximo

Sabe o defeito daquela pessoa que você conhece muito bem e com a qual convive todos os dias?

É uma imperfeição tão clara e perceptível por várias pessoas que você chega ao ponto de dizer: "Se essa pessoa não tivesse esse defeito, ela seria maravilhosa.".

Pois é! Esse defeito, com certeza, é a viga mestra que a sustenta de pé. Se isso lhe for retirado, poderá desabar.

A vida psíquica e emocional é assim, são várias qualidades muitas vezes sustentadas por uma imperfeição que um dia se tornará qualidade.

Portanto, olhe para essa pessoa com mais compaixão, porque sua dificuldade necessariamente, não é maldade nem é intencional. É uma sombra que, para ela, é de difícil transformação. Assim como você, ela também precisará de mais tempo e paciência para alcançar melhores condições e saber o que fazer com essa viga no alicerce da sua personalidade. A compaixão exercitada com o próximo é uma raiz de autoamor para si próprio.

Mentalize essa pessoa à sua frente. Escolha uma qualidade que, em sua opinião, resolveria aquela imperfeição dela e diga: "Você tem dentro de si essa qualidade (repita 3 vezes a qualidade escolhida), conte sempre comigo para fazer crescer e solidificar essa conquista.".

7.4.
Oração nutridora **de luz** para o **seu próximo**

Já notou que quando você critica alguém e continua fazendo isso, essa pessoa não sai de sua cabeça?

Toda chance que tem, mesmo sem querer, refere-se a essa pessoa, principalmente quando percebe ideias que fortalecem sua crítica a respeito dela, desmerecendo-a. É como se fosse um impulso incontrolável. Tem de falar dela, tem de diminuí-la, senão fica uma sensação de que falta algo.

Este fenômeno é conhecido como prisão energética. É você carregando nas costas o peso emocional das energias sombrias dessa pessoa. Literalmente, você a carrega magneticamente na lombar e na cervical.

Livre-se disso. É simples. Trabalhe dentro de você o sentimento incondicional de respeito ao jeito de ser do outro. Você não é obrigado, por nada, a gostar dessa pessoa. Apenas aceite-a.

Diga assim:

"Aceito você, (repita o nome da pessoa uma vez), como você é. Aceito, solto e deixo ir (repita várias vezes esse trecho)."

Em seguida, faça uma oração por ela, com palavras destacando-lhe sua condição de filha de Deus, como por exemplo:

"Senhor, na minha oração lembro-me dessa pessoa e lhe peço que ative dentro dela, com muita intensidade e vivacidade, tudo de divino e maravilhoso que possui. Que essa energia a ela endereçada possa ser uma fonte de luz nela, depositada por Ti. Que sua coragem, sua brandura, sua fé e sua bondade possam ser despertadas para mantê-la no caminho do bem. Assim seja!"

7.5.
Alongamentos para a alma

Comece o dia com um alongamento "muscular" para a alma.

Sempre bem concentrado, faça os seguintes movimentos:

Leve as duas mãos juntas, voltadas para cima, à altura do peito e diga: "Obrigado, Deus, por mais um dia.".

Agora, abra os dois braços, respire fundo, olhe para o céu e diga: "Obrigado, Deus, por mais um dia.".

Coloque sua mão direita no ombro esquerdo e a mão esquerda no ombro direito, dê um forte abraço em si mesmo e diga: "Obrigado, Deus, por me amar.". Logo depois repita três vezes: "Eu me amo, eu me amo, eu me amo.".

Finalize o alongamento com as duas mãos sobre o coração e diga: "Eu não consigo mais viver sem mim. Obrigado, Deus, por mais um dia.".

7.6.
Usando duas
palavras mântricas

Existem duas palavras carregadas de profundo magnetismo positivo e o simples fato de serem pronunciadas, com concentração, gera campos energéticos luminosos. São elas: graça e milagre.

Repita várias vezes algumas frases com essas palavras ao longo do dia e veja o efeito.

"Tenho muitas graças em minha vida.".

"A graça de ser útil e servir é uma riqueza em meu coração.".

"Tenho graças porque sou filho de Deus.".

"Sou agraciado pela alegria, pela saúde e pela fé.".

"A minha vida é um milagre de luz e paz.".

"Os milagres me acontecem quando abro minha alma para acolher o bem.".

"Milagres maravilhosos cruzam meu caminho a todo instante.".

7.7.
Realize uma **programação mental** de merecimento

Espere sempre por dias melhores. Essa crença é o alicerce mental para a construção de forças positivas que vão atrair tudo aquilo que você merece.

A paciência de colocar tijolo por tijolo nesta construção é a garantia de que vai atingir o seu objetivo.

Repita sempre: "Eu mereço ser feliz!".

Escreva essa frase várias vezes e deixa-a ao alcance de sua visão em vários lugares.

Não se permita esquecer que você merece tudo de bom nesta vida e vai trabalhar para isto.

7.8.
Leitura para **o anoitecer**

O treinamento para o exercício do autoamor tem um forte aliado: o sono. Uma breve leitura diária antes de dormir, de um trecho que cita o autoamor corresponde a uma elevação vibratória na escala dos padrões mentais.

Leia um belo trecho antes de dormir, faça sua prece rogando o amparo dos amigos espirituais para sua noite e adormeça refletindo sobre como aplicar em sua vida o que leu. Qualquer informação assimilada sobre o autoamor, nesta hora, vai ser entregue a uma parte do seu inconsciente que está o tempo todo em contato com Deus, e vai inspirar você no desenvolvimento desse sentimento fundamental.

O autoamor é a solução definitiva para todos os problemas humanos. Para amar com dignidade e dar o seu melhor em suas relações afetivas é fundamental uma relação de amor legítimo e verdadeiro com você mesmo.

Quando você consegue dar o melhor de si e acolher-se, o amor que tem pelos outros vai sempre irradiar carregado dos sentimentos de perdão, satisfação, coragem e da alta autoestima por si.

Quanto mais luz de amorosidade a você, mais luz no amor ao próximo.

Ame-se com o mais puro amor.

7.9.
Escolha **uma virtude**
para o seu dia

A vida reflete tudo aquilo que você tem na sua vida interior. Sua mente é quem estabelece a cor emocional de seu dia.

Por isso, você escolherá um tema para cada um de seus dias, tal como a paciência, o perdão, a bondade, a serenidade, a tolerância, a pacificação e muitos outros.

Leia uma página edificante pela manhã, escreva uma frase com conteúdo positivo ligado ao tema do dia e mande mensagens a amigos com esse conteúdo. Nutra sua mente com o alimento das virtudes escolhidas e, se possível, compartilhe de forma criativa com quem está perto de você.

Seu campo mental vai responder com iniciativas que o conduzirão de acordo com elas.

7.10.
Domingo, um dia especial para **novos ciclos**

Domingo, uma nova semana se inicia. Celebre o novo ciclo semanal aberto para você. Abra o armário da sua vida mental e mexa no que for preciso para organizar sua forma de pensar positivamente sobre os próximos dias. Espante o pessimismo.

Abra a janela da sua casa, olhe para a vida. Respire fundo. Busque algo diferente para fazer. Movimente-se, caminhe, tome sol, pratique esportes. Procure amigos e não fique sozinho. Faça algo de bom para mais alguém. Invente uma faxina. Vá a um lugar diferente. Divirta-se saudavelmente, sem fugas. Espante o comodismo.

Mexer dentro de si é a melhor alternativa para dar um salto vibratório em seu clima. Abra esse ciclo semanal rico de esperanças e crenças no bem. Movimente-se e espante tudo o que pode impedi-lo de começar uma semana muito feliz e rica de oportunidades.

Eleja o domingo o "dia para fazer o que você mais gosta".

7.11.
Meditação para quem necessita de mais otimismo

Para você que acha que algumas coisas da sua vida não têm mais jeito, preste atenção nesses pontos:

- Muitas vezes as coisas ficam difíceis porque você quer que sejam do seu jeito, ao seu modo. Abra mão disso e veja o que acontece.

- Por mais que algo pareça insolúvel, não perca a esperança. Qualquer coisa mais complexa na vida exige tempo, paciência e muita persistência para resolver.

- Se estiver experimentando uma sensação de solidão e abandono, não se faça de vítima. As provas mais duras da vida aferem a capacidade individual para o seu bem e para o seu crescimento.

Em resumo, tudo se ajeita, se você também entender as coisas como elas são e adotar as posturas necessárias que cada situação pede de você.

Nada fica sem solução, acredite.

7.12.
Reflexão para **proteção** **energética** nos relacionamentos

Você acorda e dá de cara com alguém que desperta o pior em seu íntimo. Uma foto nas redes sociais, um recado no celular ou ver a pessoa no metrô ou na rua. Aqueles segundos de mal-estar podem detonar o seu dia.

Pense assim: "Ninguém tem esse poder todo sobre o que eu sinto. Meu mundo interno é só meu. Sou eu quem determina tudo sobre minha vida.".

Aquela pessoa, seja quem for, não importa o que faça, é outro ser que não tem como gerir ou mudar, mas, em relação ao seu sentimento você pode tudo. Pode escolher que quer ficar bem, independentemente dela. Pode determinar que sua vida não merece o que ela desperta de ruim em você. E bola pra frente!

Escolha viver um dia melhor e com mais paz.

Ficha Técnica

Título
Sete caminhos para o autoamor

Autoria
Espírito Pai João de Angola
Psicografia de Wanderley Oliveira

Edição
1ª

ISBN
978-85-63365-88-0

Capa
Lucas William

Projeto gráfico e diagramação
Mônica Abreu

Revisão da diagramação
Nilma Helena

Revisão ortográfica
Juliana Biggi e Nilma Helena

Preparação de originais
Maria José da Costa e Nilma Helena

Composição
Adobe Indesign 6.0, plataforma MAC

Páginas
277

Tamanho do miolo
16x23cm
Capa 16x23

Tipografia
Texto principal: NewsGoth 12.5pt
Título: Arno Pro 22pt
Notas de rodapé: NewsGoth 9.5pt

Margens
22 mm: 25 mm: 25 mm: 25 mm
(superior:inferior:interna;externa)

Papel
Miolo Pólen 80g
Capa papel Duo Design 250g/m2

Cores
Miolo 1x1 cor
Capa em 4x0 CMYK

Impressão
AtualDV (Curitiba/PR)

Acabamento
Miolo: Brochura, cadernos de 32
páginas, costurados e colados.
Capa: Laminação Fosca

Tiragem
Sob demanda

Produção
Setembro / 2021

NOSSAS PUBLICAÇÕES

SÉRIE AUTOCONHECIMENTO

DEPRESSÃO E AUTOCONHECIMENTO - COMO EXTRAIR PRECIOSAS LIÇÕES DESSA DOR

A proposta de tratamento complementar da depressão aqui abordada tem como foco a educação para lidar com nossa dor, que muito antes de ser mental, é moral.

Wanderley Oliveira
16 x 23 cm
235 páginas

ebook

FALA, PRETO VELHO

Um roteiro de autoproteção energética através do autoamor. Os textos aqui desenvolvidos permitem construir nossa proteção interior por meio de condutas amorosas e posturas mentais positivas, para criação de um ambiente energético protetor ao redor de nossas vidas.

Wanderley Oliveira | Pai João de Angola
16 x 23 cm
291 páginas

QUAL A MEDIDA DO SEU AMOR?

Propõe revermos nossa forma de amar, pois estamos mais próximos de uma visão particularista do que de uma vivência autêntica desse sentimento. Superar limites, cultivar relações saudáveis e vencer barreiras emocionais são alguns dos exercícios na construção desse novo olhar.

Wanderley Oliveira | Ermance Dufaux
16 x 23 cm
208 páginas

APAIXONE-SE POR VOCÊ

Você já ouviu alguém dizer para outra pessoa: "minha vida é você"?
Enquanto o eixo de sua sustentação psicológica for outra pessoa, a sua vida estará sempre ameaçada, pois o medo da perda vai rondar seus passos a cada minuto.

Wanderley Oliveira
16 x 23 cm
152 páginas

A VERDADE ALÉM DAS APARÊNCIAS - O UNIVERSO INTERIOR

Liberte-se da ansiedade e da angústia, direcionando o seu espírito para o único tempo que realmente importa: o presente. Nele você pode construir um novo olhar, amplo e consciente, que levará você a enxergar a verdade além das aparências.

Samuel Gomes
16 x 23 cm
272 páginas

DESCOMPLIQUE, SEJA LEVE

Um livro de mensagens para apoiar sua caminhada na aquisição de uma vida mais suave e rica de alegrias na convivência.

Wanderley Oliveira
16 x 23 cm
238 páginas

7 CAMINHOS PARA O AUTOAMOR

O tema central dessa obra é o autoamor que, na concepção dos educadores espirituais, tem na autoestima o campo elementar para seu desenvolvimento. O autoamor é algo inato, herança divina, enquanto a autoestima é o serviço laborioso e paciente de resgatar essa força interior, ao longo do caminho de volta à casa do Pai.

Wanderley Oliveira | Pai João de Angola
16 x 23 cm
272 páginas

A REDENÇÃO DE UM EXILADO

A obra traz informações sobre a formação da civilização, nos primórdios da Terra, que contou com a ajuda do exílio de milhões de espíritos mandados para cá para conquistar sua recuperação moral e auxiliar no desenvolvimento das raças e da civilização. É uma narrativa do Apóstolo Lucas, que foi um desses enviados, e que venceu suas dificuldades íntimas para seguir no trabalho orientado pelo Cristo.

Samuel Gomes | Lucas
16 x 23 cm
368 páginas

AMOROSIDADE - A CURA DA FERIDA DO ABANDONO

Uma das mais conhecidas prisões emocionais na atualidade é a dor do abandono, a sensação de desamparo. Essa lesão na alma responde por larga soma de aflições em todos os continentes do mundo. Não há quem não esteja carente de ser protegido e acolhido, amado e incentivado nas lutas de cada dia.

Wanderley Oliveira | Ermance Dufaux
16 x 23 cm
300 páginas

MEDIUNIDADE - A CURA DA FERIDA DA FRAGILIDADE

Ermance Dufaux vem tratando sobre as feridas evolutivas da humanidade. A ferida da fragilidade é um dos traços mais marcantes dos aprendizes da escola terrena. Uma acentuada desconexão com o patrimônio da fé e do autoamor, os verdadeiros poderes da alma.

Wanderley Oliveira | Ermance Dufaux
16 x 23 cm
235 páginas

CONECTE-SE A VOCÊ - O ENCONTRO DE UMA NOVA MENTALIDADE QUE TRANSFORMARÁ A SUA VIDA

Este livro vai te estimular na busca de quem você é verdadeiramente. Com leitura de fácil assimilação, ele é uma viagem a um país desconhecido que, pouco a pouco, revela características e peculiaridades que o ajudarão a encontrar novos caminhos. Para esta viagem, você deve estar conectado a sua essência. A partir daí, tudo que você fizer o levará ao encontro do propósito que Deus estabeleceu para sua vida espiritual.

Rodrigo Ferretti
16 x 23 cm
256 páginas

APOCALIPSE SEGUNDO A ESPIRITUALIDADE - O DESPERTAR DE UMA NOVA CONSCIÊNCIA

Num curso realizado em uma colônia do plano espiritual, o livro Apocalipse, de João Evangelista, é estudado de forma dinâmica e de fácil entendimento, desvendando a simbologia das figuras místicas sob o enfoque do autoconhecimento.

Samuel Gomes
16 x 23 cm
313 páginas

VIDAS PASSADAS E HOMOSSEXUALIDADE - CAMINHOS QUE LEVAM À HARMONIA

"Vidas Passadas e Homossexualidade" é, antes de tudo, um livro sobre o autoconhecimento. E, mais que uma obra que trada do uso prático da Terapia de Regressão às Vidas Passadas . Em um conjunto de casos, ricamente descritos, o leitor poderá compreender a relação de sua atual encarnação com aquelas que ele viveu em vidas passadas. O obra mostra que absolutamente tudo está interligado. Se o leitor não encontra respostas sobre as suas buscas psicológicas nesta vida, ele as encontrará conhecendo suas vidas passadas.
Samuel Gomes

Dra. Solange Cigagna
16 x 23 cm
364 páginas

SÉRIE CONSCIÊNCIA DESPERTA

SAIA DO CONTROLE - UM DIÁLOGO TERAPEUTICO E LIBERTADOR ENTRE A MENTE E A CONSCIÊNCIA

Agimos de forma instintiva por não saber observar os pensamentos e emoções que direcionam nossas ações de forma condicionada. Por meio de uma observação atenta e consciente, identificando o domínio da mente em nossas vidas, passamos a viver conscientes das forças internas que nos regem.

Rossano Sobrinho
16 x 23 cm
268 páginas

SÉRIE CULTO NO LAR

VIBRAÇÕES DE PAZ EM FAMÍLIA

Quando a família se reune para orar, ou mesmo um de seus componetes, o ambiente do lar melhora muito. As preces são emissões poderosas de energia que promovem a iluminação interior. A oração em família traz paz e fortalece, protege e ampara a cada um que se prepara para a jornada terrena rumo à superação de todos os desafios.

Wanderley Oliveira | Ermance Dufaux
16 x 23 cm
212 páginas

JESUS - A INSPIRAÇÃO DAS RELAÇÕES LUMINOSAS

Após o sucesso de "Emoções que curam", o espírito Ermance Dufaux retorna com um novo livro baseado nos ensinamentos do Cristo, destacando que o autoamor é a garantia mais sólida para a construção de relacionamentos luminosos.

Wanderley Oliveira | Ermance Dufaux
16 x 23 cm
304 páginas

REGENERAÇÃO - EM HARMONIA COM O PAI

Nos dias em que a Terra passa por transformações fundamentais, ampliando suas condições na direção de se tornar um mundo regenerado, é necessário desenvolvermos uma harmonia inabalável para aproveitar as lições que esses dias nos proporcionam por meio das nossas decisões e das nossas escolhas, [...].

Samuel Gomes | Diversos Espíritos
16 x 23 cm
223 páginas

PRECES ESPÍRITAS

Porque e como orar?
O modo como oramos influi no resultado de nossas preces?
Existe um jeito certo de fazer a oração?
Allan Kardec nos afirma que *"não há fórmula absoluta para a prece"*, mas o próprio Evangelho nos orienta que *"quando oramos, devemos entrar no nosso aposento interno do coração e, fechando a porta, busquemos Deus que habita em nós; e Ele, que vê nossa mais secreta realidade espiritual, nos amparará em todas as necessidades. Ao orarmos, evitemos as repetições de orações realizadas da boca para fora, como muitos que pensam que por muito falarem serão ouvidos. Oremos a Deus em espírito e verdade porque nosso Pai sabe o que nos é necessário, antes mesmo de pedirmos".*
(Mateus 6:5 a 8)

Allan Kardec
16 x 23 cm
145 páginas

O EVANGELHO SEGUNDO O ESPIRITISMO

O Evangelho de Jesus Cristo foi levado ao mundo por meio de seus discípulos, logo após o desencarne do Mestre na cruz. Mas o Evangelho de Cristo foi, muitas vezes, alterado e deturpado através de inúmeras edições e traduções do chamado Novo Testamento. Agora, a Doutrina Espírita, por meio de um trabalho sob a óptica dos espíritos e de Allan Kardec, vem jogar luz sobre a verdadeira face de Cristo e seus ensinamentos de perdão, caridade e amor.

Allan Kardec
16 x 23 cm
431 páginas

SÉRIE DESAFIOS DA CONVIVÊNCIA

QUEM SABE PODE MUITO. QUEM AMA PODE MAIS

A lição central desta obra é mostrar que o conhecimento nem sempre é suficiente para garantir a presença do amor nas relações. "Estar informado é a primeira etapa. Ser transformado é a etapa da maioridade." - Eurípedes Barsanulfo.

Wanderley Oliveira | José Mário
16 x 23 cm
312 páginas

QUEM PERDOA LIBERTA - ROMPER OS FIOS DA MÁGOA ATRAVÉS DA MISERICÓRDIA

Continuação do livro "QUEM SABE PODE MUITO. QUEM AMA PODE MAIS" dando sequência à trilogia "Desafios da Convivência".

Wanderley Oliveira | José Mário
16 x 23 cm
320 páginas

SERVIDORES DA LUZ NA TRANSIÇÃO PLANETÁRIA

Nesta obra recebemos o convite para nos integrar nas fileiras dos Servidores da Luz, atuando de forma consciente diante dos desafios da transição planetária. Brilhante fechamento da trilogia.

Wanderley Oliveira | José Mário
14x21 cm
298 páginas

SÉRIE ESPÍRITOS DO BEM

GUARDIÕES DO CARMA - A MISSÃO DOS EXUS NA TERRA

Pai João de Angola quebra com o preconceito criado em torno dos exus e mostra que a missão deles na Terra vai além do que conhecemos. Na verdade, eles atuam como guardiões do carma, nos ajudando nos principais aspectos de nossas vidas.

Wanderley Oliveira | Pai João de Angola
16 x 23 cm
288 páginas

GUARDIÃS DO AMOR - A MISSÃO DAS POMBAGIRAS NA TERRA

"São um exemplo de amor incondicional e de grandeza da alma. São mães dos deserdados e angustiados. São educadoras e desenvolvedoras do sagrado feminino, e nesse aspecto são capazes de ampliar, nos homens e nas mulheres, muitas conquistas que abrem portas para um mundo mais humanizado, [...]".

Wanderley Oliveira | Pai João de Angola
16 x 23 cm
232 páginas

GUARDIÕES DA VERDADE - NADA FICARÁ OCULTO

Neste momento de batalhas decisivas rumo aos tempos da regeneração, esta obra é um alerta que destaca a importância da autenticidade nas relações humanas e da conduta ética como bases para uma forma transparente de viver. A partir de agora, nada ficará oculto, pois a Verdade é o único caminho que aguarda a humanidade para diluir o mal e se estabelecer na realidade que rege o universo.

Wanderley Oliveira | Pai João de Angola
16 x 23 cm
236 páginas

SÉRIE ESTUDOS DOUTRINÁRIOS

ATITUDE DE AMOR

Opúsculo contendo a palestra "Atitude de Amor" de Bezerra de Menezes, o debate com Eurípedes Barsanulfo sobre o período da maioridade do Espiritismo e as orientações sobre o "movimento atitude de amor". Por uma efetiva renovação pela educação moral.

Wanderley Oliveira | Ermance Dufaux e Cícero Pereira
14 x 21 cm
94 páginas

SEARA BENDITA

Um convite à reflexão sobre a urgência de novas posturas e conceitos. As mudanças a adotar em favor da construção de um movimento social capaz de cooperar com eficácia na espiritualização da humanidade.

Wanderley Oliveira e Maria José Costa | Diversos Espíritos
14 x 21 cm
284 páginas

Gratuito em nosso site, somente em:

NOTÍCIAS DE CHICO

"Nesta obra, Chico Xavier afirma com seu otimismo natural que a Terra caminha para uma regeneração de acordo com os projetos de Jesus, a caracterizar-se pela tolerância humana recíproca e que precisamos fazer a nossa parte no concerto projetado pelo Orientador Maior, principalmente porque ainda não assumimos responsabilidades mais expressivas na sustentação das propostas elevadas que dizem respeito ao futuro do nosso planeta."

Samuel Gomes | Chico Xavier
16 x 23 cm
181 páginas

SÉRIE FAMÍLIA E ESPIRITUALIDADE

UM JOVEM OBSESSOR - A FORÇA DO AMOR NA REDENÇÃO ESPIRITUAL

Um jovem conta sua história, compartilhando seus problemas após a morte, falando sobre relacionamentos, sexo, drogas e, sobretudo, da força do amor na redenção espiritual.

Adriana Machado | Jefferson
16 x 23 cm
392 páginas

UM JOVEM MÉDIUM - CORAGEM E SUPERAÇÃO PELA FORÇA DA FÉ

A mediunidade é um canal de acesso às questões de vidas passadas que ainda precisam ser resolvidas. O livro conta a história do jovem Alexandre que, com sua mediunidade, se torna o intermediário entre as histórias de vidas passadas daqueles que o rodeiam tanto no plano físico quanto no plano espiritual. Surpresos com o dom mediúnico do menino, os pais, de formação Católica, se veem às voltas com as questões espirituais que o filho querido traz para o seio da família.

Adriana Machado | Ezequiel
16 x 23 cm
365 páginas

RECONSTRUA SUA FAMÍLIA - CONSIDERAÇÕES PARA O PÓS-PANDEMIA

Vivemos dias de definição, onde nada mais será como antes. Necessário redefinir e ampliar o conceito de família. Isso pode evitar muitos conflitos nas interações pessoais. O autoconhecimento seguido de reforma íntima será o único caminho para transformação do ser humano, das famílias, das sociedades e da humanidade.

Dr. Américo Canhoto
16 x 23 cm
237 páginas

SÉRIE HARMONIA INTERIOR

LAÇOS DE AFETO - CAMINHOS DO AMOR NA CONVIVÊNCIA

Uma abordagem sobre a importância do afeto em nossos relacionamentos para o crescimento espiritual. São textos baseados no dia a dia de nossas experiências. Um estímulo ao aprendizado mais proveitoso e harmonioso na convivência humana.

Wanderley Oliveira | Ermance Dufaux
16 x 23 cm
312 páginas

 [ESPANHOL]

MEREÇA SER FELIZ - SUPERANDO AS ILUSÕES DO ORGULHO

Um estudo psicológico sobre o orgulho e sua influência em nossa caminhada espiritual. Ermance Dufaux considera essa doença moral como um dos mais fortes obstáculos à nossa felicidade, porque nos leva à ilusão.

Wanderley Oliveira | Ermance Dufaux
16 x 23 cm
296 páginas

 [ESPANHOL]

REFORMA ÍNTIMA SEM MARTÍRIO - AUTOTRANSFORMAÇÃO COM LEVEZA E ESPERANÇA

As ações em favor do aperfeiçoamento espiritual dependem de uma relação pacífica com nossas imperfeições. Como gerenciar a vida íntima sem adicionar o sofrimento e sem entrar em conflito consigo mesmo?

Wanderley Oliveira | Ermance Dufaux
16 x 23 cm
288 páginas

 ESPANHOL INGLÊS

PRAZER DE VIVER - CONQUISTA DE QUEM CULTIVA A FÉ E A ESPERANÇA

Neste livro, Ermance Dufaux, com seus ensinos, nos auxilia a pensar caminhos para alcançar nossas metas existenciais, a fim de que as nossas reencarnações sejam melhor vividas e aproveitadas.

Wanderley Oliveira | Ermance Dufaux
16 x 23 cm
248 páginas

ESCUTANDO SENTIMENTOS - A ATITUDE DE AMAR-NOS COMO MERECEMOS

Ermance afirma que temos dado passos importantes no amor ao próximo, mas nem sempre sabemos como cuidar de nós, tratando-nos com culpas, medos e outros sentimentos que não colaboram para nossa felicidade.

Wanderley Oliveira | Ermance Dufaux
16 x 23 cm
256 páginas

 ESPANHOL

DIFERENÇAS NÃO SÃO DEFEITOS - A RIQUEZA DA DIVERSIDADE NAS RELAÇÕES HUMANAS

Ninguém será exatamente como gostaríamos que fosse. Quando aprendemos a conviver bem com os diferentes e suas diferenças, a vida fica bem mais leve. Aprenda esse grande SEGREDO e conquiste sua liberdade pessoal.

Wanderley Oliveira | Ermance Dufaux
16 x 23 cm
248 páginas

EMOÇÕES QUE CURAM - CULPA, RAIVA E MEDO COMO FORÇAS DE LIBERTAÇÃO

Um convite para aceitarmos as emoções como forma terapêutica de viver, sintonizando o pensamento com a realidade e com o desenvolvimento da autoaceitação.

Wanderley Oliveira | Ermance Dufaux
16 x 23 cm
272 páginas

SÉRIE REFLEXÕES DIÁRIAS

PARA SENTIR DEUS

Nos momentos atuais da humanidade sentimos extrema necessidade da presença de Deus. Ermance Dufaux resgata, para cada um, múltiplas formas de contato com Ele, de como senti-Lo em nossas vidas, nas circunstâncias que nos cercam e nos semelhantes que dividem conosco a jornada reencarnatória. Ver, ouvir e sentir Deus em tudo e em todos.

Wanderley Oliveira | Ermance Dufaux
11 x 15,5 cm
133 páginas
Somente ebook

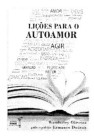

LIÇÕES PARA O AUTOAMOR

Mensagens de estímulo na conquista do perdão, da aceitação e do amor a si mesmo. Um convite à maravilhosa jornada do autoconhecimento que nos conduzirá a tomar posse de nossa herança divina.

Wanderley Oliveira | Ermance Dufaux
11 x 15,5 cm
128 páginas

Somente ebook

RECEITAS PARA A ALMA

Mensagens de conforto e esperança, com pequenos lembretes sobre a aplicação do Evangelho para o dia a dia. Um conjunto de propostas que se constituem em verdadeiros remédios para nossas almas.

Wanderley Oliveira | Ermance Dufaux
11 x 15,5 cm
146 páginas

Somente ebook

SÉRIE REGENERAÇÃO

FUTURO ESPIRITUAL DA TERRA

As necessidades, as estruturas perispirituais e neuropsíquicas, o trabalho, o tempo, as características sociais e os próprios recursos de natureza material se tornarão bem mais sutis. O futuro já está em construção e André Luiz, através da psicografia de Samuel Gomes, conta como será o Futuro Espiritual da Terra.

Samuel Gomes | André Luiz
16 x 23 cm
344 páginas

XEQUE-MATE NAS SOMBRAS - A VITÓRIA DA LUZ

André Luiz traz notícias das atividades que as colônias espirituais, ao redor da Terra, estão realizando para resgatar os espíritos que se encontram perdidos nas trevas e conduzi-los a passar por um filtro de valores, seja para receberem recursos visando a melhorar suas qualidades morais – se tiverem condições de continuar no orbe – seja para encaminhá-los ao degredo planetário.

Samuel Gomes | André Luiz
16 x 23 cm
212 páginas

A DECISÃO - CRISTOS PLANETÁRIOS DEFINEM O FUTURO ESPIRITUAL DA TERRA

"Os Cristos Planetários do Sistema Solar e de outros sistemas se encontram para decidir sobre o futuro da Terra na sua fase de regeneração. Numa reunião que pode ser considerada, na atualidade, uma das mais importantes para a humanidade terrestre, Jesus faz um pronunciamento direto sobre as diretrizes estabelecidas por Ele para este período."

Samuel Gomes | André Luiz e Chico Xavier
16 x 23 cm
210 páginas

 ## SÉRIE ROMANCE MEDIÚNICO

OS DRAGÕES - O DIAMANTE NO LODO NÃO DEIXA DE SER DIAMANTE

Um relato leve e comovente sobre nossos vínculos com os grupos de espíritos que integram as organizações do mal no submundo astral.

Wanderley Oliveira | Maria Modesto Cravo
16 x 23cm
522 páginas

LÍRIOS DE ESPERANÇA

Ermance Dufaux alerta os espíritas e lidadores do bem de um modo geral, para as responsabilidades urgentes da renovação interior e da prática do amor neste momento de transição evolutiva, através de novos modelos de relação, como orientam os benfeitores espirituais.

Wanderley Oliveira | Ermance Dufaux
16 x 23 cm
508 páginas

AMOR ALÉM DE TUDO

Regras para seguir e rótulos para sustentar. Até quando viveremos sob o peso dessas ilusões? Nessa obra reveladora, Dr. Inácio Ferreira nos convida a conhecer a verdade acima das aparências. Um novo caminho para aqueles que buscam respeito às diferenças e o AMOR ALÉM DE TUDO.

Wanderley Oliveira | Inácio Ferreira
16 x 23 cm
252 páginas

ABRAÇO DE PAI JOÃO

Pai João de Angola retorna com conceitos simples e práticos, sobre os problemas gerados pela carência afetiva. Um romance com casos repletos de lutas, desafios e superações. Esperança para que permaneçamos no processo de resgate das potências divinas de nosso espírito.

Wanderley Oliveira | Pai João de Angola
16 x 23 cm
224 páginas

UM ENCONTRO COM PAI JOÃO

A obra também fala do valor de uma terapia, da necessidade do autoconhecimento, dos tipos de casamentos programados antes do reencarne, dos processos obsessivos de variados graus e do amparo de Deus para nossas vidas por meio dos amigos espirituais e seus trabalhadores encarnados. Narra também em detalhes a dinâmica das atividades socorristas do centro espírita.

Wanderley Oliveira | Pai João de Angola
16 x 23 cm
220 páginas

O LADO OCULTO DA TRANSIÇÃO PLANETÁRIA

O espírito Maria Modesto Cravo aborda os bastidores da transição planetária com casos conectados ao astral da Terra.

Wanderley Oliveira | Maria Modesto Cravo
16 x 23 cm
288 páginas

ebook

PERDÃO - A CHAVE PARA A LIBERDADE

Neste romance revelador, conhecemos Onofre, um pai que enfrenta a perda de seu único filho com apenas oito anos de idade. Diante do luto e diversas frustrações, um processo desafiador de autoconhecimento o convida a enxergar a vida com um novo olhar. Será essa a chave para a sua libertação?

Adriana Machado | Ezequiel
14 x 21 cm
288 páginas

ebook

1/3 DA VIDA - ENQUANTO O CORPO DORME A ALMA DESPERTA

A atividade noturna fora da matéria representa um terço da vida no corpo físico, e é considerada por nós como o período mais rico em espiritualidade, oportunidade e esperança.

Wanderley Oliveira | Ermance Dufaux
16 x 23 cm
279 páginas

NEM TUDO É CARMA, MAS TUDO É ESCOLHA

Somos todos agentes ativos das experiências que vivenciamos e não há injustiças ou acasos em cada um dos aprendizados.

Adriana Machado | Ezequiel
16 x 23 cm
536 páginas

ebook

RETRATOS DA VIDA - AS CONSEQUÊNCIAS DO DESCOMPROMETIMENTO AFETIVO

Túlio costumava abstrair-se da realidade, sempre se imaginando pintando um quadro; mais especificamente pintando o rosto de uma mulher.
Vivendo com Dora um casamento já frio e distante, uma terrível e insuportável dor se abate sobre sua vida. A dor era tanta que Túlio precisou buscar dentro de sua alma uma resposta para todas as suas angústias..

Clotilde Fascioni
16 x 23 cm
175 páginas

O PREÇO DE UM PERDÃO - AS VIDAS DE DANIEL

Daniel se apaixona perdidamente e, por várias vidas, é capaz de fazer qualquer coisa para alcançar o objetivo de concretizar o seu amor. Mas suas atitudes, por mais verdadeiras que sejam, o afastam cada vez mais desse objetivo. É quando a vida o para.

André Figueiredo e Fernanda Sicuro | Espírito Bruno
16 x 23 cm
333 páginas

Livros que transformam vidas!

Acompanhe nossas redes sociais

(lançamentos, conteúdos e promoções)

- @editoradufaux
- facebook.com/EditoraDufaux
- youtube.com/user/EditoraDufaux

Conheça nosso catálogo e mais sobre nossa editora. Acesse os nossos sites

Loja Virtual
- www.dufaux.com.br

eBooks, conteúdos gratuitos e muito mais

- www.editoradufaux.com.br

Entre em contato com a gente.

Use os nossos canais de atendimento

- (31) 99193-2230
- (31) 3347-1531
- www.dufaux.com.br/contato
- sac@editoradufaux.com.br
- Rua Contria, 759 | Alto Barroca | CEP 30431-028 | Belo Horizonte | MG